もくじ

6年の 漢字

きほんのドリル

1 五年生のおさらい (1)

月　日

目標時間 15分

名前

合格80点

/100点

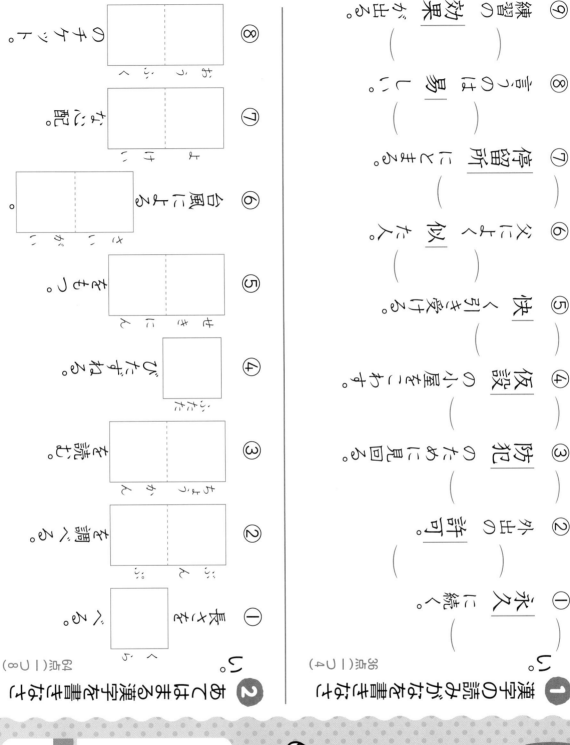

1 漢字の読みがなを書きなさい。 36点(一つ4)

① 永久（　　）に続く。

② 外出の許可（　　）。

③ 防犯（　　）のために見回る。

④ 仮設（　　）の小屋をこわす。

⑤ 快（　　）く引き受ける。

⑥ 父によく似（　　）た人。

⑦ 停留所（　　）にとまる。

⑧ 言うのは易（　　）しい。

⑨ 練習の効果（　　）が出る。

2 あてはまる漢字を書きなさい。 64点(一つ8)

① 長さを［くら］べる。

② ［ぶんぷ］を調べる。

③ ［ちょうかん］を読む。

④ ［ふたた］びたずねる。

⑤ ［せきにん］をもつ。

⑥ 台風による［さいがい］。

⑦ ［よけい］な心配。

⑧ ［おうふく］のチケット。

きほんのドリル

2 五年生のおさらい (2)

目標時間 15分 ／ 合格80点 ／ /100点

名前　　月　日

1 漢字の読みがなを書きなさい。 36点（一つ4）

① 水泳が（　）得意（　）だ。

② 目が（　）肥（　）えている。

③（　）厚（　）い本を買う。

④ 車を（　）製造（　）する。

⑤（　）格好（　）のいい人。

⑥ 畑を（　）耕（　）す。

⑦（　）条件（　）がある。

⑧（　）基準（　）を決める。

⑨（　）規則（　）正しい生活。

2 あてはまる漢字を書きなさい。 64点（一つ8）

① □□□（しょう・たい・じょう）。

② □□（ぎゃく・てん）勝ちした。

③ □□（じ・こ）を防ぐ。

④ □（ひと）り言をよく言う。

⑤ 道に□（まよ）った。

⑥ □□（ざい・さん）を得る。

⑦ □□（そ・ざい）を生かす。

⑧ □□（ない・よう）を記録する。

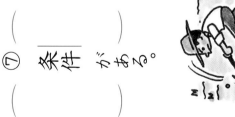

3 きほんのドリル 五年生のおさらい (3)

月　日
目標時間 15分
名前
合格80点　/100点

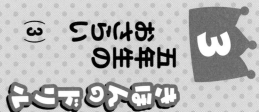

1 漢字の読みがなを書きなさい。 36点（一つ4）

① 高度な技術（　　）が必要だ。
② 司会を務（　　）める。
③ 湖の水深を測（　　）る。
④ 豊富（　　）なくだもの。
⑤ 試験に備（　　）える。
⑥ 地しんの情報（　　）が入る。
⑦ 台風で屋根が破損（　　）する。
⑧ 道路が混雑（　　）している。
⑨ 自然に感謝（　　）する。

2 あてはまる漢字を書きなさい。 64点（一つ8）

① 本を□《か》す。
② 参加を□《ことわ》る。
③ 自然□《ほ》□《ご》。
④ 事故が□《げん》□《しょう》する。
⑤ 夏が□《す》ぎる。
⑥ □《つみ》をつぐなう。
⑦ 問題を□《と》く。
⑧ □《な》れた手つき。

4 きほんのドリル

3画・4画

干・己・寸・亡・尺

名前　月　日　目標時間15分　合格80点　/100点

書いて覚えよう！（（　）の読みは、小学校では習いません。）

干（3画：一 二 干）長く
- おん：カン
- くん：ほす（ひる）
- 言葉：干潮（かんちょう）　干害（かんがい）　洗たく物を干す（せんたくものをほす）
- 部首：干（かん・いちじゅう）

己（3画：フ コ 己）上にはねる
- おん：コ（キ）
- くん：（おのれ）
- 言葉：自己（じこ）　利己（りこ）
- 部首：己（おのれ）

寸（3画：一 寸 寸）はねる
- おん：スン
- 言葉：寸法（すんぽう）　寸前（すんぜん）　採寸（さいすん）
- 部首：寸（すん）

亡（3画：丶 亠 亡）とめる
- おん：ボウ（モウ）
- くん：（ない）
- 言葉：死亡（しぼう）　亡国（ぼうこく）　未亡人（みぼうじん）
- 部首：亠（なべぶた・けいさんかんむり）

尺（4画：フ コ 尸 尺）はらう
- おん：シャク
- 言葉：尺八（しゃくはち）　尺度（しゃくど）　巻き尺（まきじゃく）
- 部首：尸（かばね・しかばね）

1 読みがなを書いてから、なぞりなさい。
20点（一つ4）

① 干す（　　　）

② 自己（　　　）

③ 寸法（　　　）

④ 死亡（　　　）

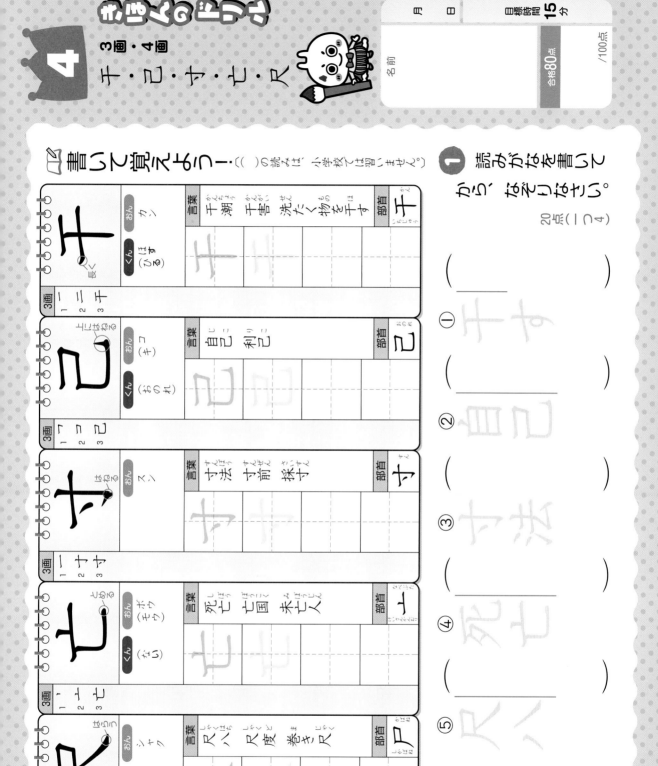

⑤ 尺八（　　　）

2 □にあてはまる漢字を書きなさい。

① 天気がよいので、ふとんを□(ほ)す。

① ・②の一画目を右から書かないようにしよう。

② 海が□(かん)潮(ちょう)になると、岩が現れる。 ☞p.85

③ 今年の旅行の費用は、□□(じこ)負担(たん)だ。 ☞p.21

④ その考えは、あまりに□□(りこ)的だ。

⑤ 洋服の□□(すんぽう)を測る。

⑥ バスの発車□□(すんぜん)に乗ることができた。

⑦ 私(わたし)の母は□□□(みぼうじん)だ。 ☞p.17

「とめる」ところと「はねる」ところに注意しようね。

⑧ 巻(ま)き□(じゃく)で計測する。 ☞p.31

⑤・⑥「すん」は長さを示す昔の単位からきています。「一すん」は、約三センチメートルです。

きほんのドリル 5

4画・5画

収・仁・片・穴・冊

月　日　目標時間 15分

名前

合格80点　/100点

書いて覚えよう！

収（はねる）
- おん：シュウ
- くん：おさめる　おさまる
- 言葉：回収（かいしゅう）　収集（しゅうしゅう）　成功を収める（せいこう・おさ）
- 部首：又（また）
- 4画：1 丨　2 ㇑　3 収の3画目　4 収

仁（長く）
- おん：ジン　（ニ）
- 言葉：仁術（じんじゅつ）　仁愛（じんあい）　仁義（じんぎ）
- 部首：亻（にんべん）
- 4画：1 ノ　2 亻　3 仁の3画目　4 仁

片（とめる）
- おん：（ヘン）
- くん：かた
- 言葉：片付く（かたづ）　片一方（かたいっぽう）　片道（かたみち）
- 部首：片（かた）
- 4画：1 ノ　2 ｣　3 片の3画目　4 片

穴（つける）
- おん：（ケツ）
- くん：あな
- 言葉：大きな穴（おお・あな）　穴場（あなば）　節穴（ふしあな）
- 部首：穴（あな）
- 5画：1 丶　2 丶　3 宀　4 穴の4画目　5 穴

冊（出る）
- おん：サツ　（サク）
- 言葉：一冊（いっさつ）　別冊（べっさつ）　全部で七冊（ぜんぶ・ななさつ）
- 部首：冂（どうがまえ・けいがまえ）
- 5画：1 丨　2 冂　3 冊の3画目　4 冊の4画目　5 冊

1 読みがなを書いてから、なぞりなさい。　20点（一つ4）

① （　　　）収める

② （　　　）仁術

③ （　　　）片付く

④ （　　　）穴

⑤ （　　　）一冊

2 □にあてはまる漢字を書きなさい。

① 実験は大きな成果を□（おさ）めた。

② 各戸の不要品を□□（かいしゅう）する。

③ 姉は記念切手を□□（しゅうしゅう）している。

④ あの医者は□□（じんじゅつ）を心得ている。

⑤ □□（じんぎ）にはずれた行い。

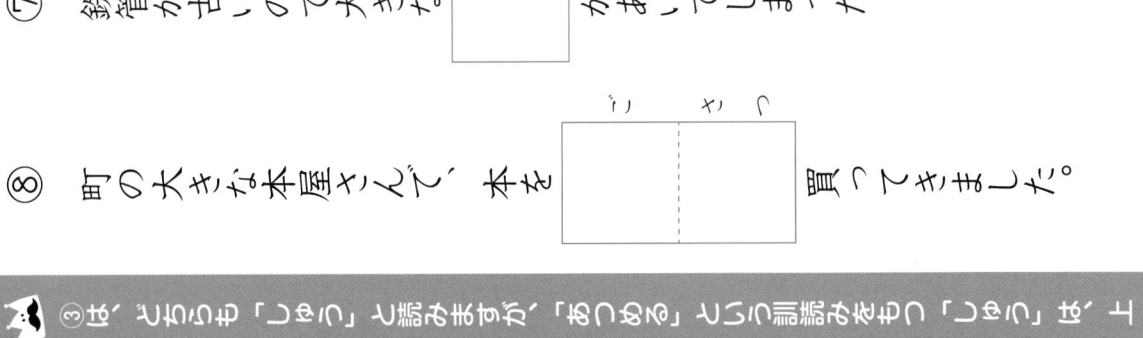

⑥ 自分の荷物は自分で□□（かたづ）けなさい。

⑦ 鉄管が古いので大きな□（あな）があいてしまった。

⑧ 町の大きな本屋さんで、本を□□（ごさつ）買ってきました。

③は、どちらも「しゅう」と読みますが、「あつめる」という訓読みをもつ「しゅう」は、上と下のどちらにくるのでしょうか。

6 きほんのドリル

5画・6画
処・庁・幼・舌・宇

月　日
目標時間 15分
名前
合格80点
/100点

書いて覚えよう！

処（上にはねる）
おん：ショ
言葉：処分（しょぶん）　処理（しょり）　処置（しょち）
部首：几（つくえ）
5画：1 ノ　2 ク　3 夂　4 夂　5 処

庁（はねる）
おん：チョウ
言葉：県庁（けんちょう）　市庁舎（しちょうしゃ）　登庁（とうちょう）
部首：广（まだれ）
5画：1 丶　2 亠　3 广　4 庁　5 庁

幼（はねる）
おん：ヨウ
くん：おさない
言葉：幼児（ようじ）　幼虫（ようちゅう）　幼い子（おさないこ）
部首：幺（ようがしら・いとがしら）
5画：1 く　2 幺　3 幺　4 幻　5 幼

舌（つける）
おん：（ゼツ）
くん：した
言葉：舌打ち（したうち）　舌を出す（したをだす）
部首：舌（した）
6画：1 一　2 二　3 千　4 千　5 舌　6 舌

宇（長く）
おん：ウ
言葉：宇宙（うちゅう）　宇宙飛行士（うちゅうひこうし）　宇宙船（うちゅうせん）
部首：宀（うかんむり）
6画：1 丶　2 丷　3 宀　4 宀　5 宁　6 宇

1 読みがなを書いてから、なぞりなさい。
20点（一つ4）

① 処分（　　）
② 県庁（　　）
③ 幼い（　　）
④ 舌打ち（　　）
⑤ 宇宙（　　）

2 □にあてはまる漢字を書きなさい。

① いらなくなった本を □□（しょぶん） する。

② 多くの情報を確実に □□（しょうり） することが重要だ。

③ □□（けんちょう） 所在地。

④ 新しい □□□（しちょうしゃ） へ移転する。

⑤ 古いアルバムで、自分の □（おさな） いころの写真を見た。

⑥ □□（ようじ） の、もみじのように小さい手。

⑦ 思いどおりにいかず、 □□（したう） ちする。

⑧ ロケットが □（う） 宙（ちゅう）へ向かって飛び立った。 ☞p.23

⑤「おさない」と⑥「よう」の漢字の「くん」は「いとがしら」です。「いと（いとへん）」との形のちがいに注意しましょう。

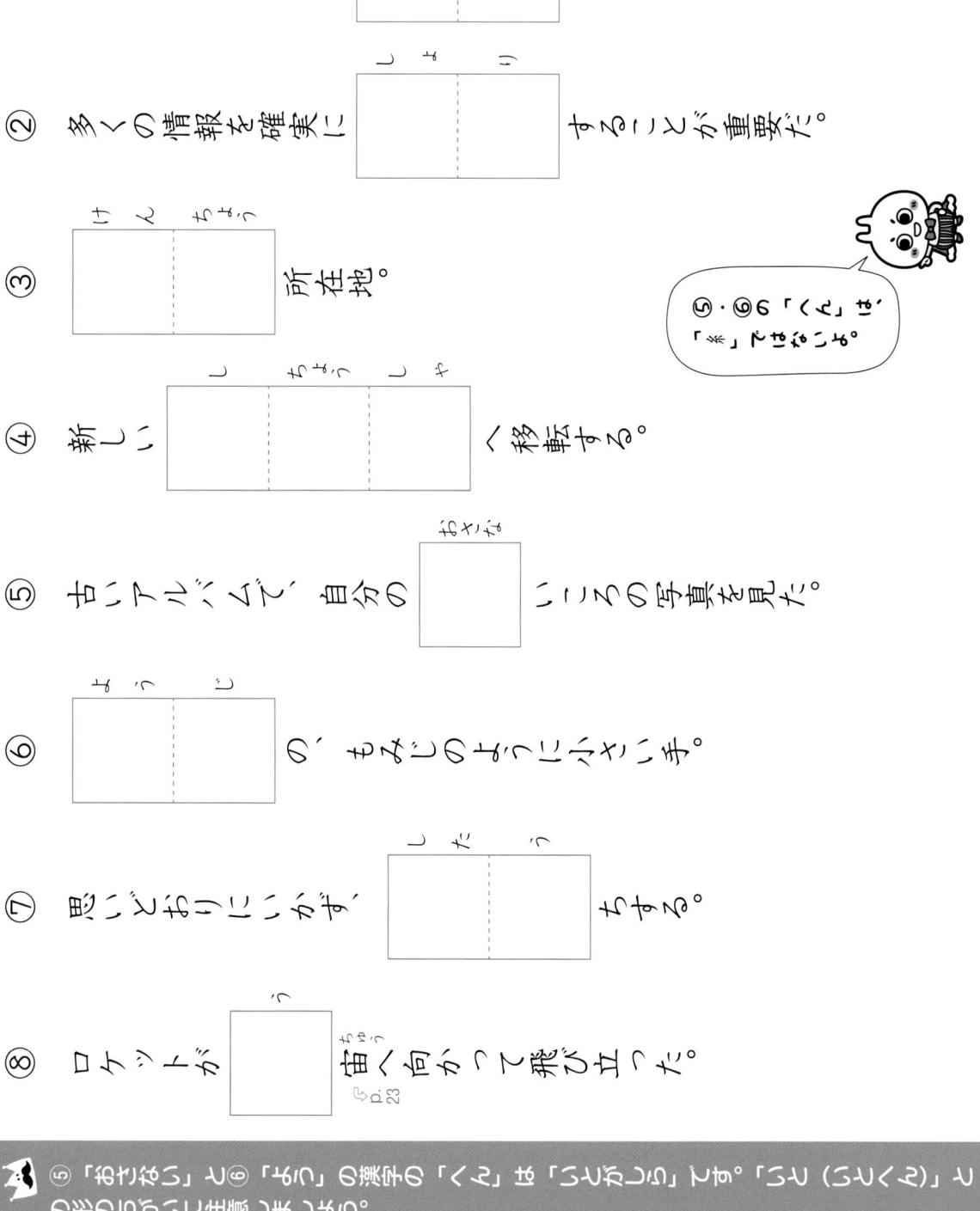

きほんのドリル

7 6画 灰・机・危・吸・至

名前　月　日　目標時間 15分　合格80点　/100点

書いて覚えよう！

灰（6画）はなす
おん：（カイ）　くん：はい
筆順：一 厂 厂 厂 灰 灰
言葉：灰色（はいいろ）　火山灰（かざんばい）　灰（はい）になる
部首：火（ひ）

机（6画）とめる
おん：（キ）　くん：つくえ
筆順：一 十 オ 木 杉 机
言葉：机（つくえ）の上（うえ）　机（つくえ）に向（む）かう　机（つくえ）を置（お）く
部首：木（きへん）

危（6画）つける
おん：キ　くん：あぶない（あやうい）（あやぶむ）
筆順：ノ ク ク 产 角 危
言葉：危機（きき）　危険（きけん）　危（あぶ）ない場所（ばしょ）
部首：㔾（わりふ・ふしづくり）

吸（6画）出ない
おん：キュウ　くん：すう
筆順：丨 ロ ロ 叨 吸 吸
言葉：呼吸（こきゅう）　吸収（きゅうしゅう）　吸引（きゅういん）　息（いき）を吸（す）う
部首：口（くちへん）

至（6画）長く
おん：シ　くん：いたる
筆順：一 ㄷ ㄷ 至 至 至
言葉：至急（しきゅう）　現在（げんざい）に至（いた）る
部首：至（いたる）

1 読みがなを書いてから、なぞりなさい。 20点（一つ4）

① 灰色（　　）
② 机の上（　　）
③ 危ない（　　）
④ 吸引（　　）
⑤ 至急（　　）

2 □にあてはまる漢字を書きなさい。

① 天気が悪くなり、山が□□（はいいろ）にかすんでいる。

② 教室の□（つくえ）の上に算数の教科書が置いてある。

③ □（あぶ）ない場所に近づいてはいけない。

④ □□（きけん）をおかして、そう難（なん）者の救出に向かう。 ☞p.91

⑤ 人間は酸素を□（す）って生きている。

⑥ 土の中から水分や養分を□（きゅう）収（しゅう）する。 ☞p.7

⑦ 山頂（ちょう）に□（いた）るまでのきょりを仲間に伝える。 ☞p.55

⑧ □□（しきゅう）校庭に集合しなさい。

⑧「し」の字は、「最も」という意味です。「しきゅう」は、「できる限りいそいで」という意味になります。

きほんのドリル

8 6画・7画

后・宅・存・我・系

月　日　目標時間 15分

名前　　合格80点　　/100点

書いて覚えよう！

后（あける）
- おん：コウ
- 言葉：皇后（こうごう）　皇后陛下（こうごうへいか）
- 部首：口（くち）
- 6画：1 ㇒ 2 ノ 3 𠂆 4 斤 5 后 6 后

宅（上にはねる）
- おん：タク
- 言葉：自宅（じたく）　帰宅（きたく）　住宅地（じゅうたくち）
- 部首：宀（うかんむり）
- 6画：1 丶 2 ⺍ 3 宀 4 宀 5 宅 6 宅

存（とめる）
- おん：ゾン　ソン
- 言葉：存在（そんざい）　保存（ほぞん）　生存条件（せいぞんじょうけん）
- 部首：子（こ）
- 6画：1 一 2 ナ 3 ナ 4 オ 5 存 6 存

我（はねる）
- おん：（ガ）
- くん：われ（わ）
- 言葉：我に返る（われにかえる）　我々（われわれ）
- 部首：戈（ほこづくり・ほこがまえ）
- 7画：1 ㇒ 2 二 3 于 4 手 5 我 6 我 7 我

系（とめる）
- おん：ケイ
- 言葉：銀河系（ぎんがけい）　太陽系（たいようけい）　生態系（せいたいけい）
- 部首：糸（いと）
- 7画：1 一 2 ㇀ 3 幺 4 幺 5 系 6 系 7 系

1 読みがなを書いてから、なぞりなさい。　20点（一つ4）

①（　　　　）皇后

②（　　　　）自宅

③（　　　　）存在

④（　　　　）我々

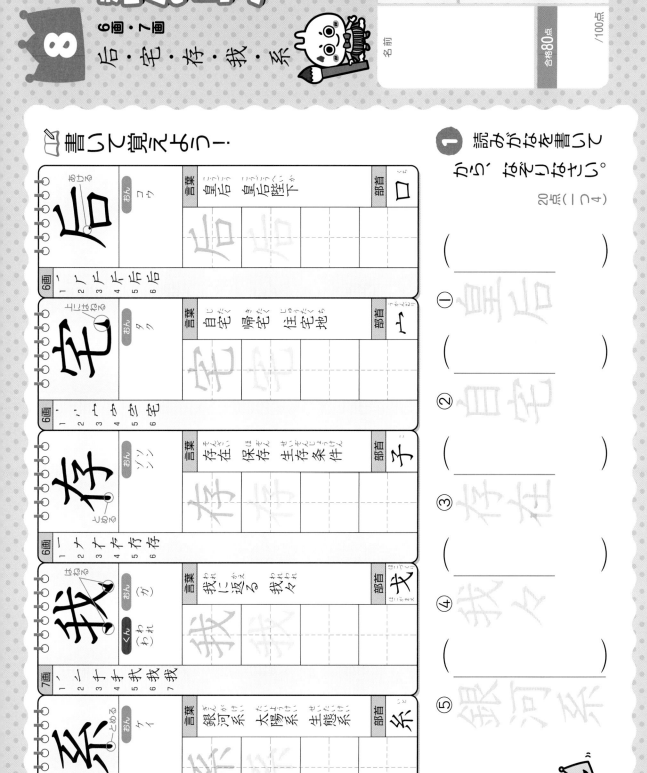

⑤（　　　　）銀河系

80点（一つ10）

2 □にあてはまる漢字を書きなさい。

① 皇［こう］□（ごう）陛［へい］下が外国に出発されました。 p.35 p.49

② □□（じたく）の電話番号を教えてください。

③ 駅の周辺は□□□（じゅうたくち）になっている。

④ 神の□□（そんざい）について考えを述べる。

⑤ 書いた作文は□□（ほぞん）しておきなさい。

⑥ □□（われわれ）は、昨年いっしょにアメリカへ旅行しました。

⑦ 作品のできばえに□（われ）ながら感心した。

⑧ 地球は□□□（ぎんがけい）にふくまれる。

④は、「そん」と「ざい」の字を反対に書かないように注意しよう。

⑧「けい」は、「糸（いと）」と「ノ（ひきのばすしるし）」とを合わせた字で、「つながり」の意味になります。

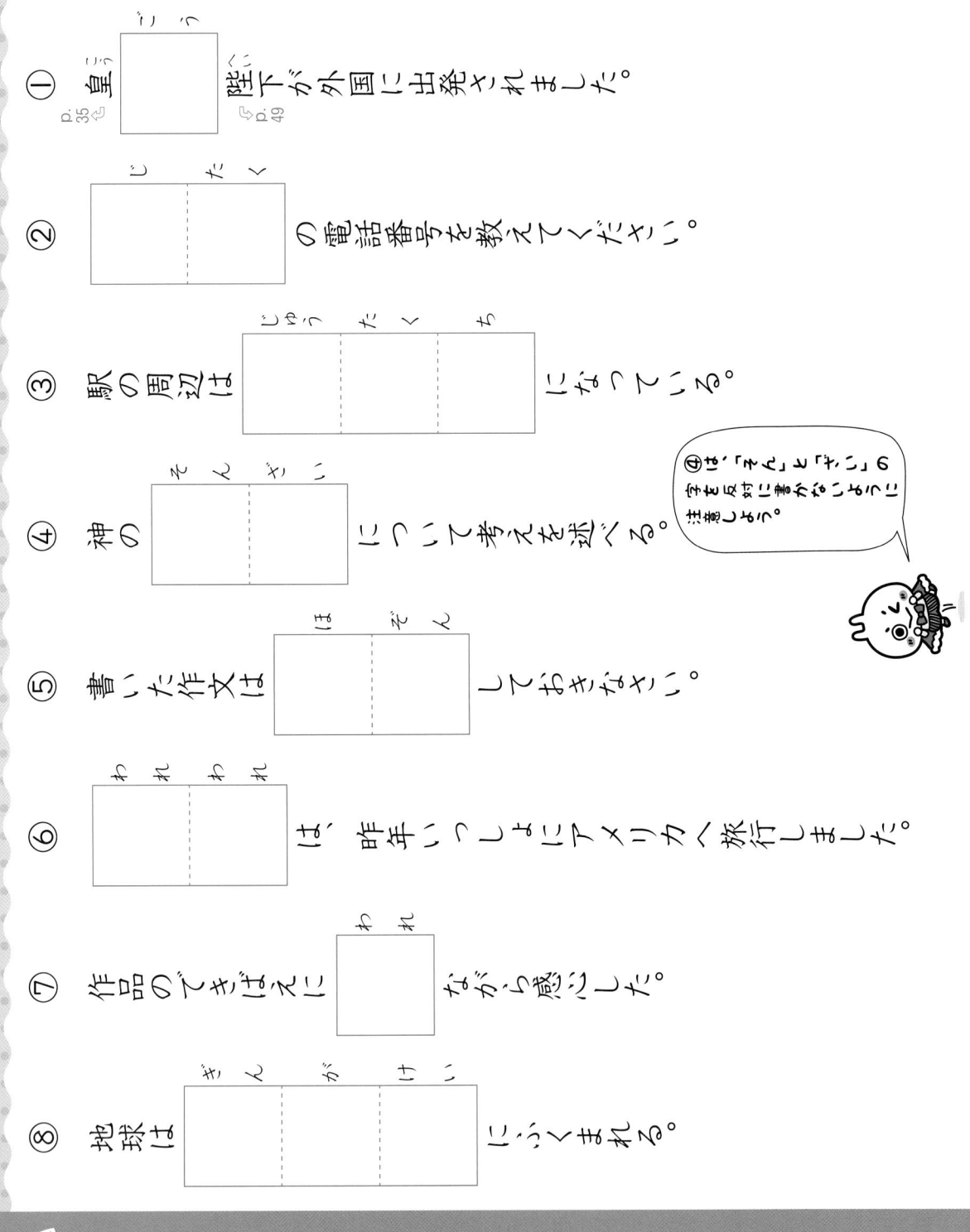

9 まとめのテスト1

名前

月　日

目標時間 20分

合格80点

/100点

1 ——の漢字の読みがなを書きなさい。　48点（一つ4）

① 知識の吸収（　）の早さに、思わず舌（　）を巻く。

② 現在に至（　）る。

③ 医は仁術（　）なり。

④ 皇后（　）陛下が記者会見された。

⑤ 県庁（　）所在地の一覧表を作る。

⑥ 巻き尺（　）で正確に寸法（　）を測る。

⑦ 災害で多くの人が死亡（　）した。

⑧ 幼（　）いころから宇（　）宙に関心があった。

⑨ なかなか家の中が片付（　）かない。

2 □にあてはまる漢字を書きなさい。

52点（一つ4）

① 水面に出てようやく息を□（す）った。

② □□（じたく）で洗（せん）たく物を□（ほ）す。

③ 町の文化財を□□（ほぞん）する。

④ □□（われわれ）は□□（きけん）な場所に入りこんでしまった。

⑤ □□□（ぎんがけい）の広がり。

⑥ □（あな）のあいたくつを□□（しょぶん）する。

⑦ 空が□□（はいいろ）になっている。

⑧ □（つくえ）の上に本を□□（ごさつ）置いた。

⑨ 大会で□□（じこ）新記録を出した。

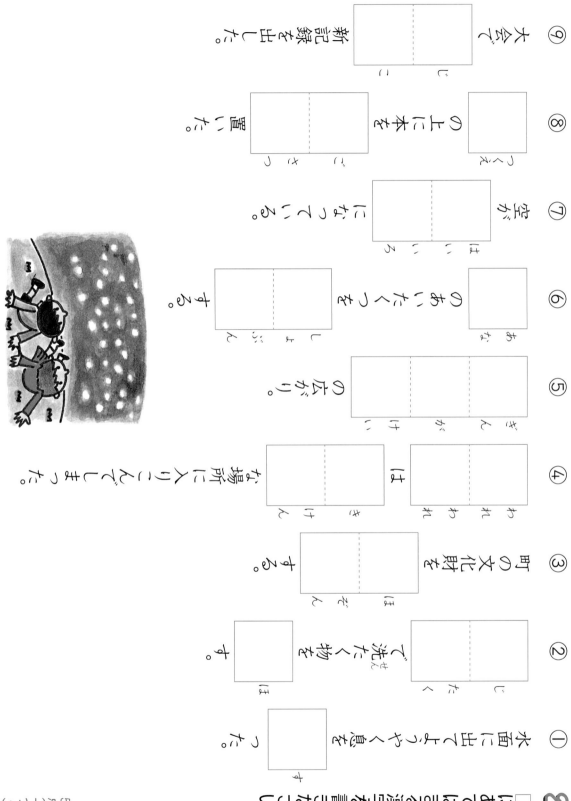

7画 孝・困・私・否・批

月　日　目標時間15分

名前　合格80点　/100点

書いて覚えよう！

孝（長く）
おん：コウ
言葉：親孝行（おやこうこう）　忠孝（ちゅうこう）
部首：子（こ）
7画

困（はらう）
おん：コン
くん：こまる
言葉：困難（こんなん）　返事に困る（へんじにこまる）
部首：口（くにがまえ）
7画

私（とめる）
おん：シ
くん：わたし　わたくし
言葉：私立（しりつ）　私鉄（してつ）　私の本（わたしのほん）　私ごと（わたくしごと）
部首：禾（のぎへん）
7画

否（とめる）
おん：ヒ
くん：（いな）
言葉：否定（ひてい）　否決（ひけつ）
部首：口（くち）
7画

批（「比」にしない）
おん：ヒ
言葉：批評（ひひょう）　批判（ひはん）
部首：扌（てへん）
7画

1 読みがなを書いてから、なぞりなさい。 20点（一つ4）

① 親孝行（　　）
② 困る（　　）
③ 私ごと（　　）
④ 否定（　　）
⑤ 批評（　　）

2 □にあてはまる漢字を書きなさい。

80点（一つ10）

① 「□□（こう こう）をしたいときには親はなし」ということわざ。

② 近所で□（こま）った問題がたくさん起きた。

③ 努力して□（こん）難（なん）な仕事をやりとげる。 ☞p.91

④ 家の前に置いてある自転車は□（わたし）のものだ。

⑤ 民間の会社が経営する鉄道を□□（し てつ）という。

⑥ 先生はそのうわさを□□（ひ てい）しました。

⑦ 有名な作品の□□（ひ ひょう）が新聞にのった。

⑧ □□（ひ はん）に耳をかたむける。

①の「□（こう）」は、「考」と似た形の字だね。

②・③は「困」とまちがえやすいので気をつけよう。

⑦・⑧「ひ」は「比」ではありませんが、この漢字も「二つを比べる」という意味がふくまれています。

11 きほんのドリル

7画・8画
忘・乱・卵・券・承

月　日　目標時間15分

名前　合格80点　/100点

書いて覚えよう！

忘（とめる）
おん：（ボウ）
くん：わすれる
言葉：かさを忘れる　我を忘れる
部首：心（こころ）
7画：丶 亠 亡 忘 忘 忘 忘

乱（上にはねる）
おん：ラン
くん：みだれる　みだす
言葉：乱暴　混乱　列を乱す
部首：乚（おつ）
7画：丿 二 千 千 舌 舌 乱

卵（はねる）
おん：（ラン）
くん：たまご
言葉：卵を産む　卵を買う
部首：卩（ふしづくり・わりふ）
7画：丿 𠂉 𠂋 卯 卯 卵 卵

券（出ない）
おん：ケン
言葉：入場券　券売機　旅券
部首：刀（かたな）
8画：丶 丷 䒑 兰 关 关 券 券

承（はねる）
おん：ショウ
くん：うけたまわる
言葉：承知　承服　伝承
部首：手（て）
8画：フ 了 孑 孑 孑 孑 承 承

1 読みがなを書いてから、なぞりなさい。　20点（一つ4）

① 忘れる（　　　）
② 乱れる（　　　）
③ 卵（　　　）
④ 旅券（　　　）
⑤ 承知（　　　）

2 □にあてはまる漢字を書きなさい。

80点（一つ10）

① 夢中になっていて時間がたつのを□（わす）れる。

② 相手の意見を聞いて、考えが□（みだ）れてしまった。

③ □□（らんぼう）な運転をすると交通事故を起こす。

④ にわとりが□（たまご）を産んだ。

⑤ □□□（けんばいき）でチケットを買う。

⑥ 遊園地の□□□（にゅうじょうけん）をゆずり受ける。

⑦ 危（き）険を□□（しょうち）で立ち向かう。 ☞p.11

⑧ 民間に□□（でんしょう）されてきた昔話。

④の「たまご」は「、」をわすれずに書こう。

⑤・⑥の「けん」は、切ぷや証書を表します。

12 きほんのドリル

8画

沿・供・若・拡・担

月　日

目標時間 15分

名前

合格80点　/100点

書いて覚えよう！

沿（はなす）
- おん：エン
- くん：そう
- 言葉：沿岸（えんがん）　沿線（えんせん）　川沿い（かわぞい）の道（みち）
- 部首：氵（さんずい）
- 8画：1 丶　2 冫　3 氵　4 氵　5 氵八　6 氵几　7 沿　8 沿

供（長く）
- おん：キョウ（ク）
- くん：そなえる　とも
- 言葉：提供（ていきょう）　供給（きょうきゅう）　供え物（そなえもの）　子供（こども）
- 部首：亻（にんべん）
- 8画：1 ノ　2 亻　3 仁　4 什　5 仕　6 供　7 供　8 供

若（つける）
- おん：（ジャク）（ニャク）
- くん：わかい　（もしくは）
- 言葉：若者（わかもの）たち　若草（わかくさ）　若葉（わかば）
- 部首：艹（くさかんむり）
- 8画：1 一　2 十　3 艹　4 ヰ　5 芊　6 芏　7 若　8 若

拡（はねる）
- おん：カク
- 言葉：拡大（かくだい）　拡張（かくちょう）　拡散（かくさん）
- 部首：扌（てへん）
- 8画：1 一　2 十　3 扌　4 扌　5 扩　6 扩　7 拡　8 拡

担（「且」にしない）
- おん：タン
- くん：（かつぐ）（になう）
- 言葉：担当（たんとう）　負担（ふたん）　分担（ぶんたん）
- 部首：扌（てへん）
- 8画：1 一　2 十　3 扌　4 扌　5 扣　6 扣　7 担　8 担

1 読みがなを書いてから、なぞりなさい。

20点（一つ4）

① 沿岸（　　）
② 提供（　　）
③ 若者（　　）
④ 拡大（　　）
⑤ 担当（　　）

2 □にあてはまる漢字を書きなさい。

80点（一つ10）

① □□（かわぞ）いの道を進むと学校が見えてくる。

② 太平洋（たいへいよう）□□（えんがん）には工業地帯がある。

③ 夏祭りで神社に□（そな）え物をする。

④ 弟は、□□（こども）あつかいされるのをきらう。

⑤ このテレビ番組は、食品会社が□□（ていきょう）している。

⑥ □□（わかもの）らしく、元気に運動をする。

⑦ 細かい文字の書類を□□（かくだい）してコピーする。

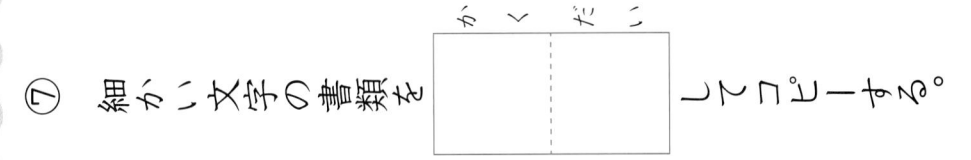

⑧ 父は町内会で会計を□□（たんとう）している。

①「ぞ」と「浴びる」は形が似ているので注意してね。

③「そなえ」は、「両手でささげる」という意味からできた漢字です。

13 きほんのドリル

8画 拝・呼・刻・宗・宙

月　日　目標時間 15分

名前　合格80点　/100点

書いて覚えよう！

拝（8画）
筆順：一 扌 扌 扌 扌 扌 拝 拝
（四本）
おん：ハイ
くん：おがむ
言葉：拝見（はいけん）　参拝（さんぱい）　日の出を拝む（ひのでをおがむ）
部首：扌（てへん）

呼（8画）
筆順：丨 口 口 口 口 口 口 呼
（はねる）
おん：コ
くん：よぶ
言葉：呼吸（こきゅう）　点呼（てんこ）　名前を呼ぶ（なまえをよぶ）
部首：口（くちへん）

刻（8画）
筆順：丶 亠 亠 亥 亥 亥 亥 刻
（出ない）
おん：コク
くん：きざむ
言葉：深刻（しんこく）　時刻（じこく）　心に刻む（こころにきざむ）
部首：刂（りっとう）

宗（8画）
筆順：丶 丶 宀 宀 宀 宀 宗 宗
（長く）
おん：シュウ（ソウ）
言葉：宗教（しゅうきょう）　宗派（しゅうは）　改宗（かいしゅう）
部首：宀（うかんむり）

宙（8画）
筆順：丶 丶 宀 宀 宀 宀 宙 宙
（出る）
おん：チュウ
言葉：宇宙（うちゅう）　宇宙飛行士（うちゅうひこうし）　宇宙船（うちゅうせん）
部首：宀（うかんむり）

1 読みがなを書いてから、なぞりなさい。 20点（一つ4）

① 拝む（　　　）

② 呼ぶ（　　　）

③ 刻む（　　　）

④ 宗教（　　　）

⑤ 宇宙（　　　）

80点（一つ10）

2 □にあてはまる漢字を書きなさい。

① 元日の朝、初日（はつひ）に向かって□（おが）んだ。

② お手紙を□□（はいけん）する。

③ 昔、東京（とうきょう）は江戸（えど）と□（よ）ばれていた。

④ 全員で□（こ）吸（きゅう）を合わせてつな引きをした。 ☞p.11

⑤ 先生の言葉を心に□（きざ）んでがんばる。

⑥ 農家では夏の水不足は□□（しんこく）な問題だ。

⑦ 昔から□□（しゅうきょう）が原因になった戦争は多い。

⑧ 子供（こども）たちの夢は□□□□（うちゅうひこうし）になることだ。 ☞p.21 ☞p.9

⑦・⑧には、「宀（うかんむり）」の漢字が使われているよ。

② 「はいけん」は、見ることをけんそんした言い方です。「はい」は動作を表す言葉の上につけて、けんそんの意味を表します。

14 きほんのドリル

8画 宝・忠・垂・届・乳

名前

月　日

目標時間 15分

合格80点　/100点

書いて覚えよう！

宝（8画）
- おん：ホウ
- くん：たから
- 言葉：宝石（ほうせき）　宝庫（ほうこ）　宝物（ほうもつ／たからもの）　宝船（たからぶね）
- 部首：宀（うかんむり）
- わすれずに
- 筆順：1 丶　2 丶丶　3 宀　4 宀　5 宀　6 宇　7 宝　8 宝

忠（8画）
- おん：チュウ
- 言葉：忠告（ちゅうこく）　忠実（ちゅうじつ）　忠誠（ちゅうせい）
- 部首：心（こころ）
- 出る
- 筆順：1 丨　2 冂　3 口　4 中　5 中　6 忠　7 忠　8 忠

垂（8画）
- おん：スイ
- くん：たれる　たらす
- 言葉：垂直（すいちょく）　けん垂（すい）　垂れ下がる（たれさがる）
- 部首：土（つち）
- 出る
- 筆順：1 一　2 二　3 三　4 千　5 千　6 乖　7 垂　8 垂

届（8画）
- くん：とどける　とどく
- 言葉：荷物を届ける（にもつをとどける）　手紙が届く（てがみがとどく）
- 部首：尸（しかばね）
- 出る
- 筆順：1 ㇆　2 コ　3 尸　4 尸　5 吊　6 届　7 届　8 届

乳（8画）
- おん：ニュウ
- くん：ちち　（ち）
- 言葉：牛乳（ぎゅうにゅう）　乳製品（にゅうせいひん）　乳しぼり（ちちしぼり）
- 部首：乚（おつ）
- 上にはねる
- 筆順：1 丿　2 ⺈　3 ⺈　4 爫　5 爫　6 孚　7 孚　8 乳

1 読みがなを書いてから、なぞりなさい。 20点（一つ4）

① 宝物（　　　）

② 忠告（　　　）

③ 垂れる（　　　）

④ 届ける（　　　）

⑤ 乳しぼり（　　　）

2 □にあてはまる漢字を書きなさい。

80点（一つ10）

① この大きな桜の木は学校の□（たから）だ。

② ダイヤモンドは□□（ほう・せき）の一つだ。

③ 先生の言うことを□□（ちゅう・じつ）に守る。

④ 旗がのき先の近くまで□（た）れ下がっている。

⑤ あの山の岩（がん）ぺきは□□（すい・ちょく）に切り立っている。

⑥ 外国からたくさん手紙が□（とど）く。

⑦ 北海道（ほっかいどう）の牧場で初めて□（ちち）をしぼった。

⑧ しぼりたての□□（ぎゅう・にゅう）がとてもおいしい。

⑥の部首は、
「戸（かばね）」。
「人がうつぶせにたおれている様子」を表しているよ。

⑤「すいちょく」は、水平に対してちょっ角の方向にある状態を表しています。

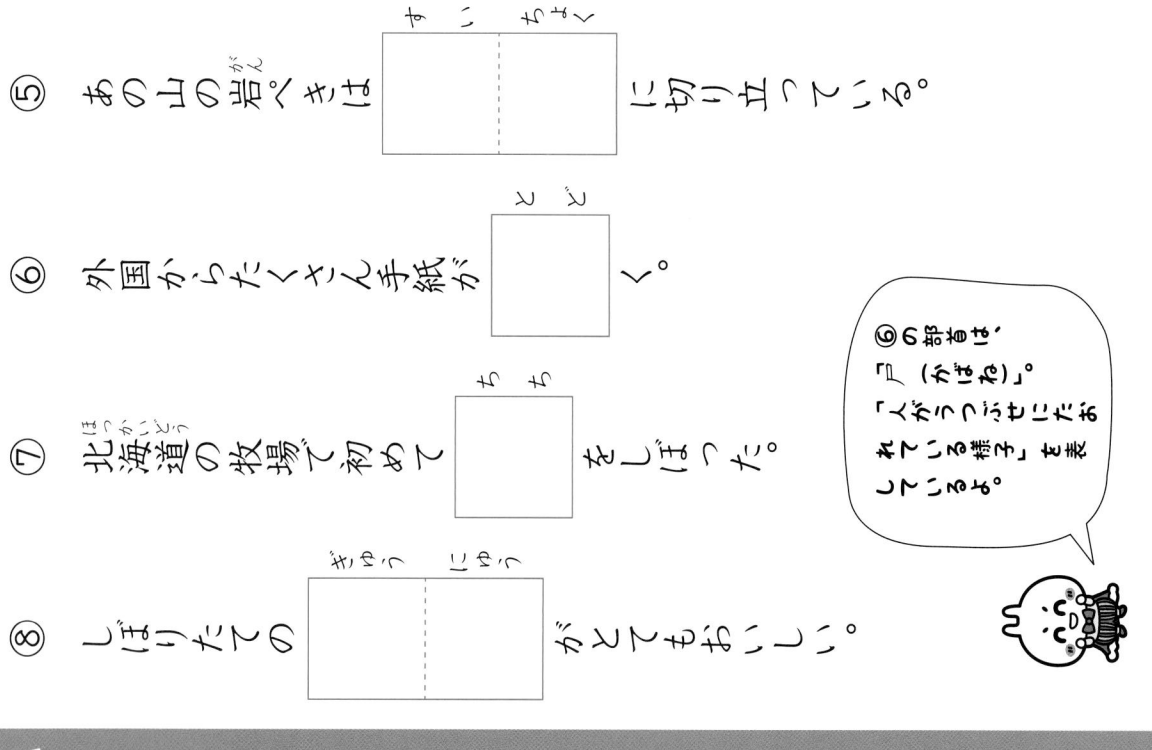

きほんのドリル 8

6画・7画

后・宅・存・我・系

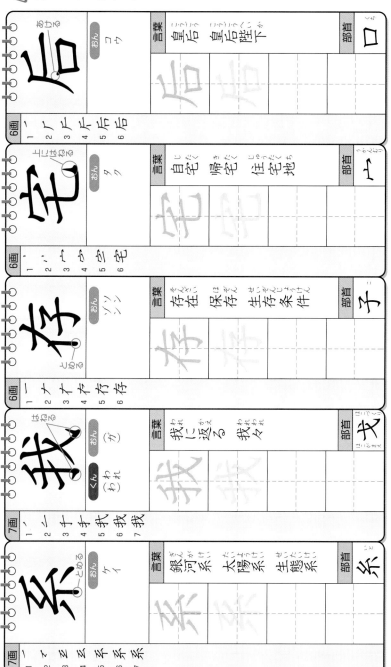

月　日　目標時間 15分

名前

合格80点　/100点

書いて覚えよう！

后（6画）あける
おん：コウ
言葉：皇后（こうごう）　皇后陛下（こうごうへいか）
部首：口（くち）
筆順：1 一　2 厂　3 广　4 斤　5 后　6 后

宅（6画）上にはねる
おん：タク
言葉：自宅（じたく）　帰宅（きたく）　住宅地（じゅうたくち）
部首：宀（うかんむり）
筆順：1 丶　2 丷　3 宀　4 宀　5 宀　6 宅

存（6画）とめる
おん：ソン、ゾン
言葉：存在（そんざい）　保存（ほぞん）　生存条件（せいぞんじょうけん）
部首：子（こ）
筆順：1 一　2 ナ　3 ナ　4 存　5 存　6 存

我（7画）はねる
おん：（ガ）
くん：われ、（わ）
言葉：我に返る（われにかえる）　我々（われわれ）
部首：戈（ほこづくり・ほこがまえ）
筆順：1 ノ　2 二　3 于　4 手　5 我　6 我　7 我

系（7画）とめる
おん：ケイ
言葉：銀河系（ぎんがけい）　太陽系（たいようけい）　生態系（せいたいけい）
部首：糸（いと）
筆順：1 一　2 ㇀　3 幺　4 幺　5 至　6 系　7 系

1 読みがなを書いてから、なぞりなさい。

20点（一つ4）

① 皇后（　　）
② 自宅（　　）
③ 存在（　　）
④ 我々（　　）
⑤ 銀河系（　　）

2 □にあてはまる漢字を書きなさい。

80点（一つ10）

① 皇(こう)□(ごう)陛(へい)下が外国に出発されました。 p.35 p.49

② □□(じたく)の電話番号を教えてください。

③ 駅の周辺は□□□(じゅうたくち)になっている。

④ 神の□□(そんざい)について考えを述べる。

⑤ 書いた作文は□□(ほぞん)しておきなさい。

⑥ □□(われわれ)は、昨年いっしょにアメリカへ旅行しました。

⑦ 作品のできばえに□(われ)ながら感心した。

⑧ 地球は□□□(ぎんがけい)にふくまれる。

④は、「そん」と「ざい」の字を反対に書かないように注意しよう。

⑧「けい」は、「糸（いと）」と「ノ（ひきのばすしるし）」とを合わせた字で、「つながり」の意味になります。

9 まとめのテスト1

目標時間 20分　合格80点　/100点

名前　月　日

1 ――の漢字の読みがなを書きなさい。　48点（一つ4）

① 知識の吸収の早さに、思わず舌を巻く。

② 現在に至る。

③ 医は仁術なり。

④ 皇后陛下が記者会見された。

⑤ 県庁所在地の一覧表を作る。

⑥ 巻き尺で正確に寸法を測る。

⑦ 災害で多くの人が死亡した。

⑧ 幼いころから宇宙に関心があった。

⑨ なかなか家の中が片付かない。

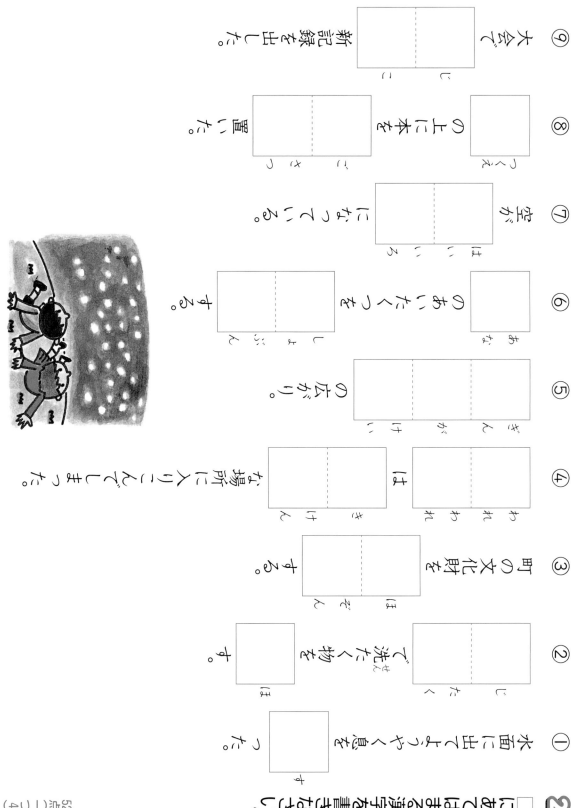

2 □にあてはまる漢字を書きなさい。

52点（一つ4）

① 水面に出てようやく息を□（す）った。

② □□（じたく）で洗（せん）たく物を□（ほ）す。

③ 町の文化財を□□（ほぞん）する。

④ □□（われわれ）は□□（きけん）な場所に入りこんでしまった。

⑤ □□□（ぎんがけい）の広がり。

⑥ □（あな）のあいたくつを□□（しょぶん）する。

⑦ 空が□□（はいいろ）になっている。

⑧ □（つくえ）の上に本を□□（ごさつ）置いた。

⑨ 大会で□□（じこ）新記録を出した。

10 きほんのドリル

7画 孝・困・私・否・批

名前　月　日　目標時間15分　合格80点　/100点

書いて覚えよう！

孝（長く）
7画　一 十 土 耂 考 孝 孝
おん：コウ
言葉：親孝行（おやこうこう）　忠孝（ちゅうこう）
部首：子（こ）

困（はらう）
7画　丨 冂 冃 円 用 困 困
おん：コン
くん：こまる
言葉：困難（こんなん）　返事（へんじ）に困（こま）る
部首：囗（くにがまえ）

私（とめる）
7画　ノ 二 千 禾 禾 私 私
おん：シ
くん：わたくし　わたし
言葉：私立（しりつ）　私鉄（してつ）　私（わたし）の本（ほん）　私（わたくし）ごと
部首：禾（のぎへん）

否（とめる）
7画　一 ア 不 不 不 否 否
おん：ヒ
くん：（いな）
言葉：否定（ひてい）　否決（ひけつ）
部首：口（くち）

批（「比」にしない）
7画　一 扌 扌 扌 扎 批 批
おん：ヒ
言葉：批評（ひひょう）　批判（ひはん）
部首：扌（てへん）

1 読みがなを書いてから、なぞりなさい。　20点（一つ4）

①（　　）親孝行

②（　　）困る

③（　　）私ごと

④（　　）否定

⑤（　　）批評

2 □にあてはまる漢字を書きなさい。

80点（一つ10）

① 「□（こうこう）をしたいときには親はなし」ということわざ。

② 近所で□（こま）った問題がたくさん起きた。

③ 努力して□（こん）難（なん）な仕事をやりとげる。

☞p.91

④ 家の前に置いてある自転車は□（わたし）のものだ。

⑤ 民間の会社が経営する鉄道を□（してつ）という。

⑥ 先生はそのうわさを□（ひてい）しました。

⑦ 有名な作品の□（ひひょう）が新聞にのった。

⑧ □（ひはん）に耳をかたむける。

①の「□（こう）」は、「考」と似た形の字だね。
②・③は「困」とまちがえやすいので気をつけよう。

⑦・⑧「ひ」は「比」ではありませんが、この漢字も「二つを比べる」という意味がふくまれています。

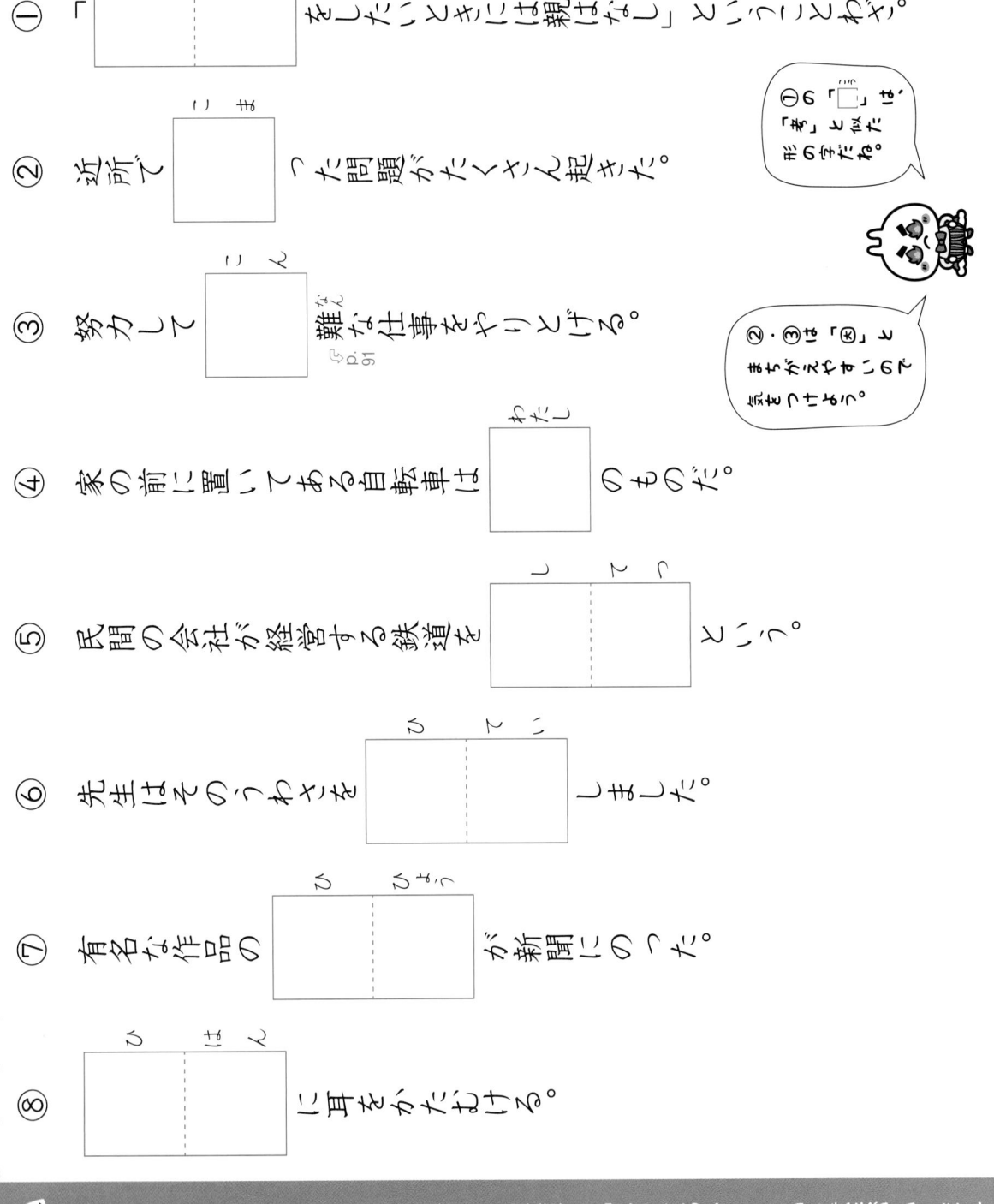

11 きほんのドリル

7画・8画

忘・乱・卵・券・承

名前　　月　日　目標時間15分　合格80点　/100点

書いて覚えよう！

忘（7画）とめる
- おん：（ボウ）
- くん：わすれる
- 言葉：かさを忘(わす)れる　我(われ)を忘(わす)れる
- 部首：心（こころ）
- 筆順：1 丶 2 亠 3 亡 4 亡 5 忘 6 忘 7 忘

乱（7画）上にはねる
- おん：ラン
- くん：みだれる　みだす
- 言葉：乱暴(らんぼう)　混乱(こんらん)　列(れつ)を乱(みだ)す
- 部首：し（おつ）
- 筆順：1 ノ 2 二 3 千 4 千 5 舌 6 舌 7 乱

卵（7画）はねる
- おん：（ラン）
- くん：たまご
- 言葉：卵(たまご)を産(う)む　卵(たまご)を買(か)う
- 部首：卩（わりふ・ふしづくり）
- 筆順：1 ノ 2 𠂆 3 𠂆 4 卯 5 卯 6 卯 7 卵

券（8画）出ない
- おん：ケン
- 言葉：入場券(にゅうじょうけん)　券売機(けんばいき)　旅券(りょけん)
- 部首：刀（かたな）
- 筆順：1 丶 2 丷 3 䒑 4 兰 5 类 6 类 7 券 8 券

承（8画）はねる
- おん：ショウ
- くん：（うけたまわる）
- 言葉：承知(しょうち)　承服(しょうふく)　伝承(でんしょう)
- 部首：手（て）
- 筆順：1 フ 2 了 3 了 4 手 5 手 6 手 7 手 8 承

1 読みがなを書いてから、なぞりなさい。 20点（一つ4）

① 忘れる（　　）

② 乱れる（　　）

③ 卵（　　）

④ 旅券（　　）

⑤ 承知（　　）

80点（一つ10）

2 □にあてはまる漢字を書きなさい。

① 夢中になっていて時間がたつのを□（わす）れる。

② 相手の意見を聞いて、考えが□（みだ）れてしまった。

③ □□（らんぼう）な運転をすると交通事故を起こす。

④ にわとりが□（たまご）を産んだ。

⑤ □□□（けんばいき）でチケットを買う。

⑥ 遊園地の□□□（にゅうじょうけん）をゆずり受ける。

⑦ 危（き）険を□□（しょうち）で立ち向かう。 ☞p.11

⑧ 民間に□□（でんしょう）されてきた昔話。

④の「たまご」は「、」をわすれずに書こう。

⑤・⑥の「けん」は、切ぷや証書を表します。

12 きほんのドリル

8画 沿・供・若・拡・担

名前　月　日　目標時間 15分　合格80点　/100点

書いて覚えよう！

沿（8画）
（はなす）
- おん：エン
- くん：そう
- 言葉：沿岸（えんがん）　沿線（えんせん）　川沿い（かわぞい）の道（みち）
- 部首：氵（さんずい）
- 筆順：1 丶　2 氵　3 氵　4 氵　5 氵　6 沿　7 沿　8 沿

供（8画）
（長く）
- おん：キョウ（ク）
- くん：そなえる　とも
- 言葉：提供（ていきょう）　供給（きょうきゅう）　供え物（そなえもの）　子供（こども）
- 部首：亻（にんべん）
- 筆順：1 ノ　2 亻　3 亻　4 仕　5 仕　6 供　7 供　8 供

若（8画）
（つける）
- おん：（ジャク）（ニャク）
- くん：わかい　（もしくは）
- 言葉：若者（わかもの）たち　若草（わかくさ）　若葉（わかば）
- 部首：艹（くさかんむり）
- 筆順：1 一　2 十　3 艹　4 艹　5 芀　6 若　7 若　8 若

拡（8画）
（はねる）
- おん：カク
- 言葉：拡大（かくだい）　拡張（かくちょう）　拡散（かくさん）
- 部首：扌（てへん）
- 筆順：1 一　2 十　3 扌　4 扌　5 扩　6 扩　7 拡　8 拡

担（8画）
（「且」にしない）
- おん：タン
- くん：（かつぐ）（になう）
- 言葉：担当（たんとう）　負担（ふたん）　分担（ぶんたん）
- 部首：扌（てへん）
- 筆順：1 一　2 十　3 扌　4 扌　5 扣　6 扣　7 担　8 担

1 読みがなを書いてから、なぞりなさい。
20点（一つ4）

① 沿岸（　　）

② 提供（　　）

③ 若者（　　）

④ 拡大（　　）

⑤ 担当（　　）

2 □にあてはまる漢字を書きなさい。

① □□（かわぞ）いの道を進むと学校が見えてくる。

② 太平洋（たいへいよう）□□（えんがん）には工業地帯がある。

③ 夏祭りで神社に□（そな）え物をする。

④ 弟は、□□（こども）あつかいされるのをきらう。

⑤ このテレビ番組は、食品会社が□□（ていきょう）している。

⑥ □□（わかもの）らしく、元気に運動をする。

⑦ 細かい文字の書類を□□（かくだい）してコピーする。

⑧ 父は町内会で会計を□□（たんとう）している。

①「ぞ」と「浴びる」は形が似ているので注意してね。

③「そなえ」は、「両手でささげる」という意味からできた漢字です。

きほんのドリル 13

8画 拝・呼・刻・宗・宙

月	日	目標時間 15分
名前		合格80点 /100点

書いて覚えよう！

拝（8画）四本
- おん：ハイ
- くん：おがむ
- 言葉：拝見（はいけん）　参拝（さんぱい）　日の出を拝む（ひのでをおがむ）
- 部首：扌（てへん）

呼（8画）はねる
- おん：コ
- くん：よぶ
- 言葉：呼吸（こきゅう）　点呼（てんこ）　名前を呼ぶ（なまえをよぶ）
- 部首：口（くちへん）

刻（8画）出ない
- おん：コク
- くん：きざむ
- 言葉：深刻（しんこく）　時刻（じこく）　心に刻む（こころにきざむ）
- 部首：刂（りっとう）

宗（8画）長く
- おん：シュウ（ソウ）
- 言葉：宗教（しゅうきょう）　宗派（しゅうは）　改宗（かいしゅう）
- 部首：宀（うかんむり）

宙（8画）出る
- おん：チュウ
- 言葉：宇宙（うちゅう）　宇宙飛行士（うちゅうひこうし）　宇宙船（うちゅうせん）
- 部首：宀（うかんむり）

1 読みがなを書いてから、なぞりなさい。 20点（一つ4）

① 拝む（　　）

② 呼ぶ（　　）

③ 刻む（　　）

④ 宗教（　　）

⑤ 宇宙（　　）

80点（一つ10）

2 □にあてはまる漢字を書きなさい。

① 元日の朝、初日（はつひ）に向かって □（おが）んだ。

② お手紙を □□（はいけん）する。

③ 昔、東京（とうきょう）は江戸（えど）と □（よ）ばれていた。

④ 全員で □（こ）吸（きゅう）を合わせてつな引きをした。 ☞p.11

⑤ 先生の言葉を心に □（きざ）んでがんばる。

⑥ 農家では夏の水不足は □□（しんこく）な問題だ。

⑦ 昔から □□（しゅうきょう）が原因になった戦争は多い。

⑧ 子供（こども）たちの夢は宇 □□□□（ちゅうひこうし）になることだ。 ☞p.21 p.9☜

⑦・⑧には、
「宀（うかんむり）」の
漢字が使われているよ。

② 「はいけん」は、見ることをけんそんした言い方です。「はい」は動作を表す言葉の上につけて、けんそんの意味を表します。

14 きほんのドリル

8画 宝・忠・垂・届・乳

名前　月　日　目標時間15分　合格80点　/100点

書いて覚えよう！

宝（わすれずに）
- おん：ホウ
- くん：たから
- 言葉：宝石（ほうせき）　宝庫（ほうこ）　宝物（ほうもつ・たからもの）　宝船（たからぶね）
- 部首：宀（うかんむり）
- 8画：1 丶　2 丷　3 宀　4 宀　5 宁　6 宇　7 宝　8 宝

忠（出る）
- おん：チュウ
- 言葉：忠告（ちゅうこく）　忠実（ちゅうじつ）　忠誠（ちゅうせい）
- 部首：心（こころ）
- 8画：1 丨　2 冂　3 口　4 中　5 中　6 忠　7 忠　8 忠

垂（出る）
- おん：スイ
- くん：たれる　たらす
- 言葉：垂直（すいちょく）　けん垂（すい）　垂れ下がる（たれさがる）
- 部首：土（つち）
- 8画：1 一　2 二　3 三　4 千　5 乒　6 乖　7 垂　8 垂

届（出る）
- くん：とどける　とどく
- 言葉：荷物を届ける（にもつをとどける）　手紙が届く（てがみがとどく）
- 部首：尸（しかばね）
- 8画：1 ㇕　2 コ　3 尸　4 尸　5 吊　6 届　7 届　8 届

乳（上にはねる）
- おん：ニュウ
- くん：ちち　（ち）
- 言葉：牛乳（ぎゅうにゅう）　乳製品（にゅうせいひん）　乳しぼり（ちちしぼり）
- 部首：乚（おつ）
- 8画：1 ノ　2 ⺈　3 ⺈　4 ⺈　5 孚　6 孚　7 孚　8 乳

1 読みがなを書いてから、なぞりなさい。 20点（一つ4）

① 宝物（　　　）

② 忠告（　　　）

③ 垂れる（　　　）

④ 届ける（　　　）

⑤ 乳しぼり（　　　）

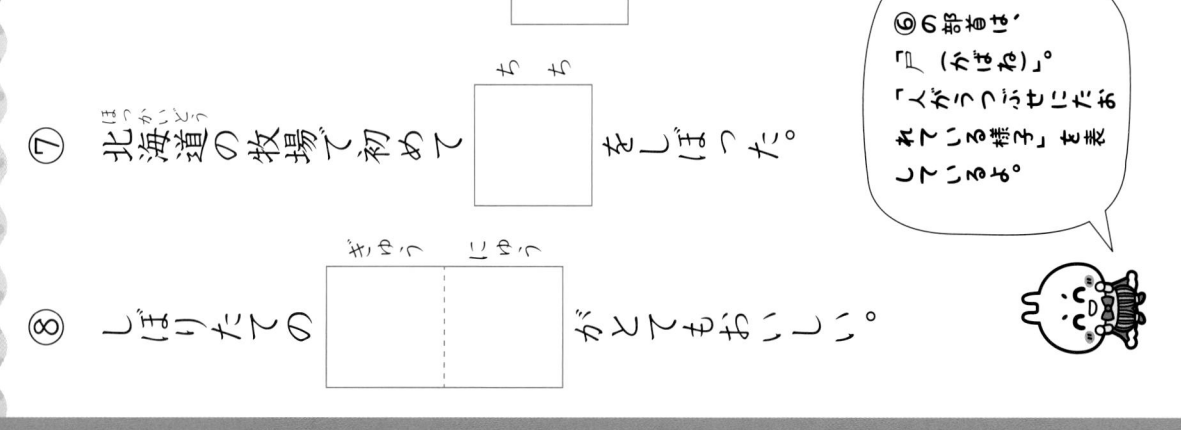

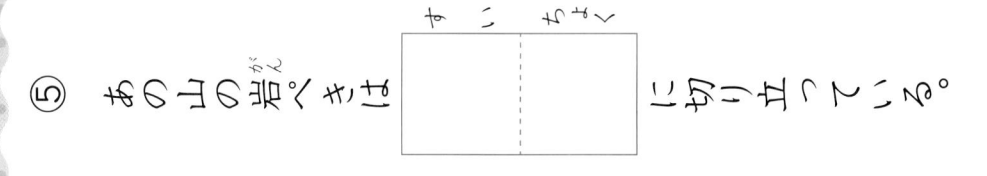

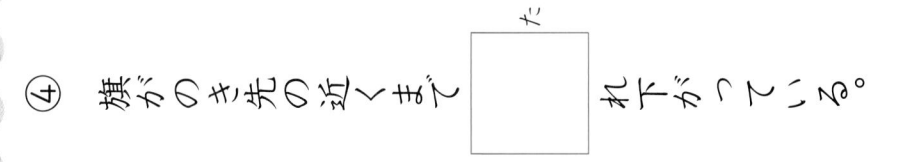

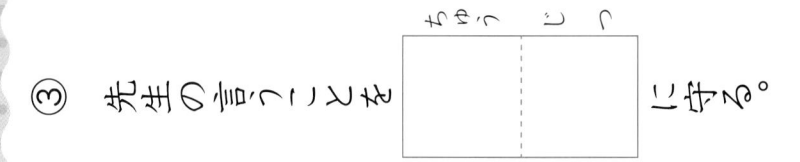

2 □にあてはまる漢字を書きなさい。

80点（一つ10）

① この大きな桜の木は学校の□（たから）だ。

② ダイヤモンドは□□（ほうせき）の一つだ。

③ 先生の言うことを□□（ちゅうじつ）に守る。

④ 旗がのき先の近くまで□（た）れ下がっている。

⑤ あの山の岩（がん）ぺきは□□（すいちょく）に切り立っている。

⑥ 外国からたくさん手紙が□（とど）く。

⑦ 北海道（ほっかいどう）の牧場で初めて□（ちち）をしぼった。

⑧ しぼりたての□□（ぎゅうにゅう）がとてもおいしい。

⑥の部首は、
「戸（かばね）」。
「人がうつぶせにたおれている様子」を表しているよ。

⑤「すいちょく」は、水平に対してちょっ角の方向にある状態を表しています。

15 まとめのテスト2

名前
月　日
目標時間 20分
合格80点
/100点

1 ──の漢字の読みがなを書きなさい。 48点（一つ4）

① 川沿（　　）いは垂直（　　）な岩が連なっている。

② 会議で否定（　　）的な考えを述べる。

③ 牛乳（　　）を飲む。

④ にわとりの卵（　　）を友だちの家まで届（　　）ける。

⑤ 親孝行（　　）なむすこを持つ。

⑥ 困（　　）難（なん）な役割（わり）を担当（　　）することになった。

⑦ 呼（　　）ばれて返事をする。

⑧ 深刻（　　）な問題に直面する。

⑨ 宝石（　　）がきらきらと光っている。

2 □にあてはまる漢字を書きなさい。

52点(一つ4)

① □□□(にゅうじょうけん)を買い求める。

② □□(らんぼう)な態度を□□(ひはん)する。

③ 神様に□(そな)え物をして□(おが)んだ。

④ 世界ではいろいろな□□(しゅうきょう)が信じられている。

⑤ □□(わかもの)たちは、□□(うちゅう)飛行士をめざす。

⑥ 友だちに□□(ちゅうこく)する。

⑦ □(わたくし)の不注意で、ノートの提出を□(わす)れてしまった。

⑧ 地図を□□(かくだい)する。

⑨ 無理を□□(しょうち)でたのみこむ。

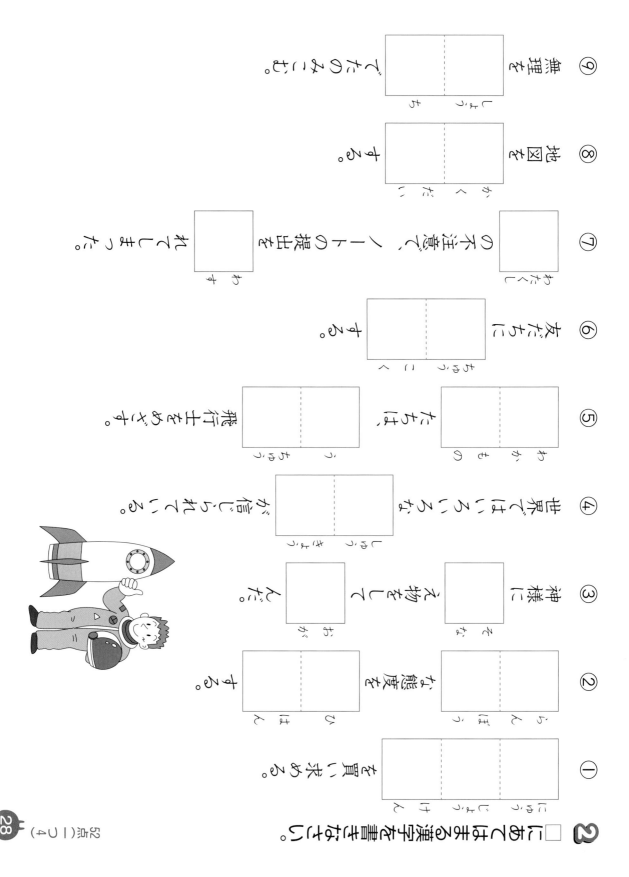

16 きほんのドリル

8画・9画

枚・延・並・胃・退

月　日　目標時間15分

名前

合格80点　/100点

書いて覚えよう！

枚（「攵」としない）
- おん：マイ
- 言葉：一枚（いちまい）　二枚目（にまいめ）　枚数（まいすう）
- 部首：木（きへん）
- 8画

延（出る）
- おん：エン
- くん：のびる　のべる　のばす
- 言葉：延長戦（えんちょうせん）　延期（えんき）　試合が延びる（しあいがのびる）
- 部首：廴（えんにょう）
- 8画

並（長く）
- おん：（ヘイ）
- くん：なみ　ならべる　ならぶ　ならびに
- 言葉：並木道（なみきみち）　並べ方（ならべかた）　一列に並ぶ（いちれつにならぶ）
- 部首：一（いち）
- 8画

胃（はねる）
- おん：イ
- 言葉：胃腸（いちょう）　胃薬（いぐすり）　胃液（いえき）
- 部首：肉（にく）
- 9画

退（「艮」としない）
- おん：タイ
- くん：しりぞく　しりぞける
- 言葉：退院（たいいん）　辞退（じたい）　一歩退く（いっぽしりぞく）
- 部首：辶（しんにょう・しんにゅう）
- 9画

1 読みがなを書いてから、なぞりなさい。

20点（一つ4）

① （　　）一枚

② （　　）延びる

③ （　　）並木道

④ （　　）胃薬

⑤ （　　）退院

2 □にあてはまる漢字を書きなさい。

 80点（一つ10）

① ゲームの前にトランプの□□（まいすう）を確かめる。

② 雨が降（ふ）ったので、遠足の日が□（の）びてしまった。☞p.41

③ 野球の試合が□□□（えんちょうせん）に入る。

④ いちょうの□□□（なみきみち）を散歩する。

⑤ 縦（たて）一列に□（なら）んで、橋をわたる。☞p.89

⑥ 食べ過ぎで□（い）を悪くする。

⑦ 音楽祭への出演を□□（じたい）する。

⑧ 相手のけん幕（まく）におされて、一歩□（しりぞ）く。☞p.73

②・③の部首は、「辶（しんにょう）」ではないよ。

②の「のびる」は、「時間やきょりが長くなる」という意味です。「ものの長さが長くなる」という意味の「のびる」と区別しましょう。

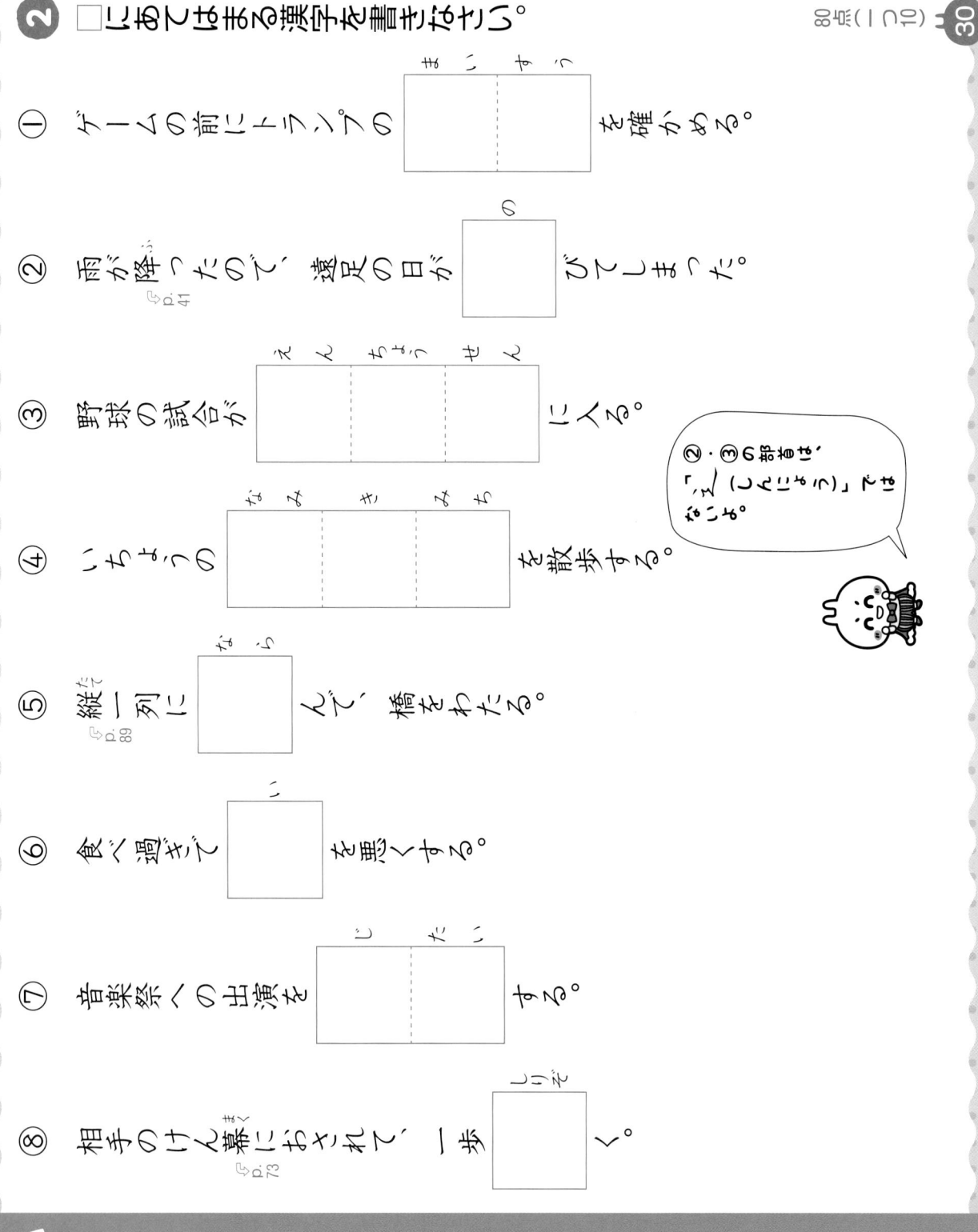

きほんのドリル

17 9画 映・砂・革・巻・泉

名前　月　日　目標時間 15分　合格80点　/100点

書いて覚えよう!

映（9画）
- おん：エイ
- くん：うつる、うつす、（はえる）
- 言葉：映像（えいぞう）、映画（えいが）、鏡（かがみ）に映（うつ）る
- 部首：日（ひへん）
- 出る

砂（9画）
- おん：サ、（シャ）
- くん：すな
- 言葉：砂金（さきん）、砂（さ）ばく、砂糖（さとう）、砂（すな）はま
- 部首：石（いしへん）
- はねる

革（9画）
- おん：カク
- くん：（かわ）
- 言葉：改革（かいかく）、革新的（かくしんてき）、皮革（ひかく）
- 部首：革（かくのかわ・つくりがわ）
- つける

巻（9画）
- おん：カン
- くん：まく、まき
- 言葉：巻末（かんまつ）、毛糸（けいと）を巻（ま）く、とらの巻（まき）
- 部首：㔾（わりふ・ふしづくり）
- 上にはねる

泉（9画）
- おん：セン
- くん：いずみ
- 言葉：温泉（おんせん）、源泉（げんせん）、泉（いずみ）がわく
- 部首：水（みず）
- はねる

1 読みがなを書いてから、なぞりなさい。 20点（一つ4）

① 映る（　　　）
② 砂はま（　　　）
③ 改革（　　　）
④ 巻く（　　　）
⑤ 泉がわく（　　　）

「巻」の部首の「わりふ」は、旧字の「卷」から取ったもの。

2 □にあてはまる漢字を書きなさい。

80点（一つ10）

① 月がきれいに湖面に［うつ］っている。

② 兄は、毎月一本は［えいが］を見ている。

③ 波が［すな］はまに打ち寄せる。

④ アフリカでは広い［さ］ばくが、どこまでも続いている。

⑤ 選挙のやり方を［かいかく］しなくてはならない。

⑥ 母はセーターを編むために、毛糸を［ま］く。

⑦ この山の［いずみ］は、とても清らかだ。

⑧ 家族といっしょに［おんせん］に行ってきた。

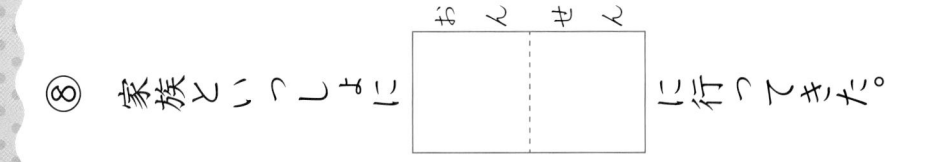

①の「□る」は、家を「移る」写真に「写る」とまちがえやすいので気をつけよう。

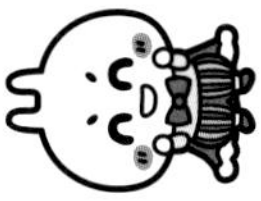

⑧「おんせん」は、「あたたかい」「いずみ」のことです。

18 きほんのドリル

9画

紅・姿・段・律・専

月　日

目標時間 15分

名前

合格80点　/100点

書いて覚えよう！

紅（9画）

長く

おん：コウ（ク）

くん：べに（くれない）

言葉：紅茶（こうちゃ）　紅白（こうはく）　口紅（くちべに）　紅色（べにいろ）

部首：糸（いとへん）

筆順：1 ㇜ 2 ㇜ 3 幺 4 糸 5 糸 6 糸 7 糸一 8 糸T 9 紅

姿（9画）

とめる

おん：シ

くん：すがた

言葉：姿勢（しせい）　容姿（ようし）　自分（じぶん）の姿（すがた）

部首：女（おんな）

筆順：1 丶 2 冫 3 冫 4 冫 5 冫 6 次 7 次 8 姿 9 姿

段（9画）

上にはねる

おん：ダン

言葉：段落（だんらく）　階段（かいだん）　段差（だんさ）

部首：殳（るまた・ほこづくり）

筆順：1 ノ 2 丆 3 F 4 F 5 阝 6 阝 7 阝 8 段 9 段

律（9画）

出る

おん：リツ（リチ）

言葉：規律（きりつ）　法律（ほうりつ）　一律（いちりつ）

部首：彳（ぎょうにんべん）

筆順：1 ノ 2 ク 3 彳 4 彳 5 彳 6 彳 7 律 8 律 9 律

専（9画）

はねる

おん：セン

くん：（もっぱら）

言葉：専用（せんよう）　専門家（せんもんか）　専属（せんぞく）

部首：寸（すん）

筆順：1 一 2 丆 3 冂 4 冃 5 冃 6 由 7 亩 8 専 9 専

1 読みがなを書いてから、なぞりなさい。

20点（一つ4）

①（　　　）口紅

②（　　　）姿勢

③（　　　）段落

④（　　　）法律

⑤（　　　）専用

2 □にあてはまる漢字を書きなさい。

80点（一つ10）

① 母は［くちべに］をたくさん持っている。

② ［こうちゃ］にミルクを入れて飲みました。

③ 一心にけいこにはげむ［すがた］に感動してしまった。

④ 正しい［しせい］で本を読む。

⑤ この［だんらく］の要点をまとめる。

⑥ 兄は大学で［ほうりつ］を学んでいる。

⑦ ソフトボール［せんよう］のバットを買ってくる。

⑧ 父は高山植物の［せんもんか］だ。

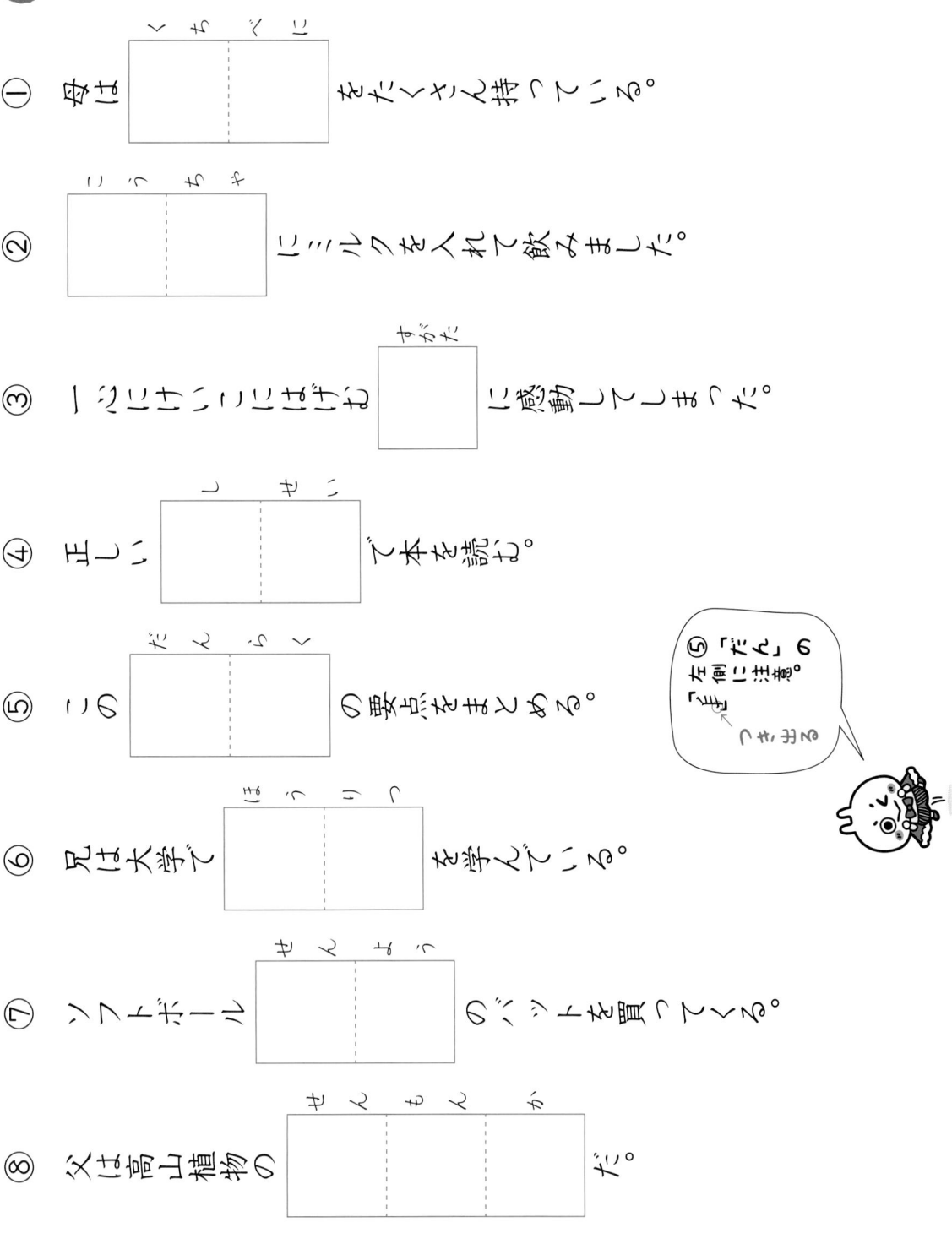

⑧「せんもんか」は「せん」も「もん」もまちがえやすいので注意しましょう。

19 きほんのドリル

9画

宣・看・奏・皇・洗

月	日	目標時間 15分
名前	合格80点	/100点

書いて覚えよう！

宣（9画）　長く
- おん　セン
- 言葉　宣言（せんげん）　宣伝（せんでん）　宣告（せんこく）
- 部首　宀（うかんむり）

看（9画）　はらう
- おん　カン
- 言葉　看護（かんご）　看板（かんばん）　看病（かんびょう）
- 部首　目（め）

奏（9画）　「夫」ではない
- おん　ソウ
- くん　かなでる
- 言葉　演奏（えんそう）　合奏（がっそう）　独奏（どくそう）
- 部首　大（だい）

皇（9画）　長く
- おん　オウ　コウ
- 言葉　皇室（こうしつ）　皇后（こうごう）　天皇（てんのう）　皇子（おうじ）
- 部首　白（しろ）

洗（9画）　上にはねる
- おん　セン
- くん　あらう
- 言葉　洗面所（せんめんじょ）　洗たく（せんたく）　顔を洗う（かおをあらう）
- 部首　氵（さんずい）

1 読みがなを書いてから、なぞりなさい。 20点（一つ4）

①（　　　）宣言

②（　　　）看護

③（　　　）演奏

④（　　　）皇室

⑤（　　　）洗う

2 □にあてはまる漢字を書きなさい。

80点（一つ10）

① 議長がようやく開会の□□（せんげん）をした。

② テレビで新商品の□□（せんでん）を始める。

③ 病気で入院したとき、手厚い□□（かんご）をしてもらった。

④ 台風で店の□□（かんばん）が飛ばされてしまった。

⑤ 学校の音楽会でピアノの□□（えんそう）をした。

⑥ □□（てんのう）誕（たん）生日は祝日で休みになる。

☞p.83

⑦ 食事をする前に、必ず手を□（あら）う。

⑧ 天気がよいので、□（せん）たく物をたくさん干（ほ）した。

☞p.5

⑦「あらう」・⑧「せん」は、
「水」に関係のある漢字だね。

③・④の「かん」は、「みる」という意味です。③はさらに、「めんどうをみる」という意味に変化しています。

きほんのドリル 20

9画・10画 染・背・肺・派・恩

名前　月　日　目標時間15分　合格80点　/100点

書いて覚えよう！

染（9画）「丸」にしない
おん：（セン）
くん：そめる　そまる　（しみる）　（しみ）
言葉：染め物　赤く染まる
部首：木（き）
筆順：1 丶 2 冫 3 氵 4 氿 5 氿 6 氿 7 洸 8 染 9 染

背（9画）「比」にしない
おん：ハイ
くん：せ・せい　（そむく）　（そむける）
言葉：背景　背筋　背中　背比べ
部首：肉（にく）
筆順：1 一 2 コ 3 ヨ 4 北 5 北 6 背 7 背 8 背 9 背

肺（9画）はねる
おん：ハイ
言葉：人間の肺　肺活量　肺呼吸
部首：月（にくづき）
筆順：1 丿 2 月 3 月 4 月 5 月' 6 肝 7 肝 8 肺 9 肺

派（9画）とめる
おん：ハ
言葉：立派　派生　派出所
部首：氵（さんずい）
筆順：1 丶 2 冫 3 氵 4 氵 5 氵 6 汇 7 派 8 派 9 派

恩（10画）はらう
おん：オン
言葉：恩人　恩師　謝恩会
部首：心（こころ）
筆順：1 丨 2 冂 3 冂 4 円 5 因 6 因 7 因 8 恩 9 恩 10 恩

1 読みがなを書いてから、なぞりなさい。　20点（一つ4）

①（　　）染める
②（　　）背中
③（　　）肺活量
④（　　）立派
⑤（　　）恩師

2 □にあてはまる漢字を書きなさい。

80点（一つ10）

① 白い布を赤く□（そ）める。

② ねこがこたつの中で□□（せなか）を丸めてねている。

③ 山を□□（はいけい）にしてみんなで写真をとる。

④ 病院で□（はい）のレントゲン写真をとった。

⑤ 学校で□□□（はいかつりょう）の測定をした。

⑥ 一つのことから別の問題が□□（はせい）してきた。

⑦ 命の□□（おんじん）だと言って、何度も頭を下げる。

⑧ 小学校の□□□（しゃおんかい）に出席する。

⑦・⑧の「おん」の上の部分を「困」としないように気をつけよう。

④「はい」や「胸（むね）」、「脳（のう）」、「腸（ちょう）」、「腹（はら）」のように体の部分を表す漢字は、「月（にくづき）」が部首であることが多いです。

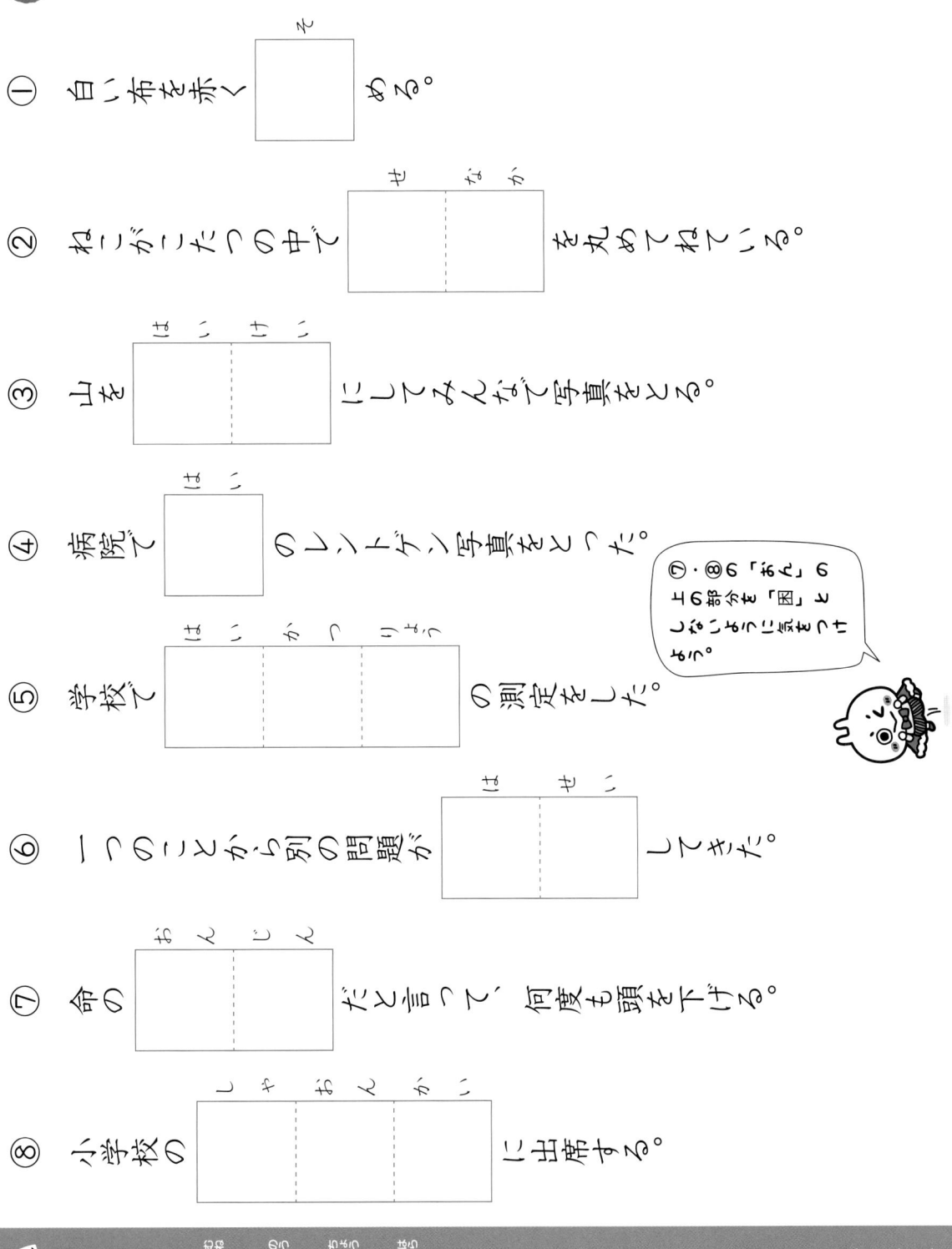

21 まとめのテスト3

名前　　月　日　目標時間20分　合格80点　/100点

1 ――の漢字の読みがなを書きなさい。　48点（一つ4）

① 胃（　）をわずらった人が手厚い看護（　）を受ける。

② カップを洗（　）ってから紅茶（　）を入れる。

③ 事件の背景（　）をさぐる。

④ 派生（　）してできた言葉。

⑤ 砂（　）ばくの中に泉（　）がわいている。

⑥ 入場券（けん）の枚数（　）。

⑦ 文章を三つの段落（　）に分ける。

⑧ 祖父は、かみの毛を黒く染（　）めている。

⑨ 天皇（　）誕（たん）生日は晴天にめぐまれた。

2 □にあてはまる漢字を書きなさい。

52点（一つ4）

① □□（かいかく）を断行することを□□（せんげん）する。

② マフラーを首に□（ま）く。

③ 人間は□（はい）で呼吸（こきゅう）している。

④ □□□（えんちょうせん）でようやく勝つ。

⑤ □□（ほうりつ）の□□□（せんもんか）に相談する。

⑥ 命の□□（おんじん）にお礼の手紙を書く。

⑦ □□（えいが）の主役を□□（じたい）する。

⑧ 正しい□□（しせい）で□□（えんそう）する。

⑨ □□□（なみきみち）を通って学校へ行く。

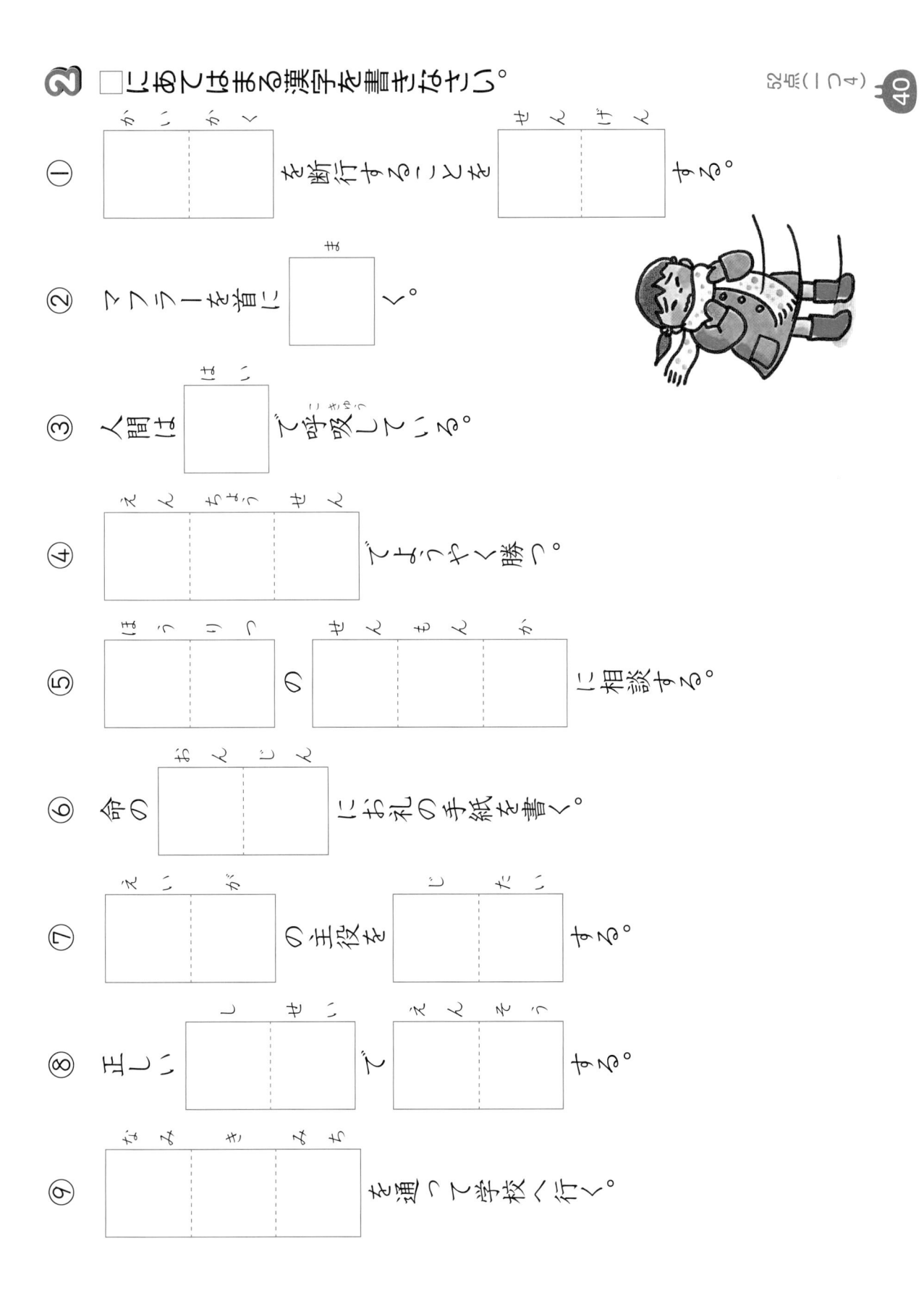

22 きほんのドリル

10画 俵・胸・降・骨・除

月	日	目標時間 15分
名前		合格80点 /100点

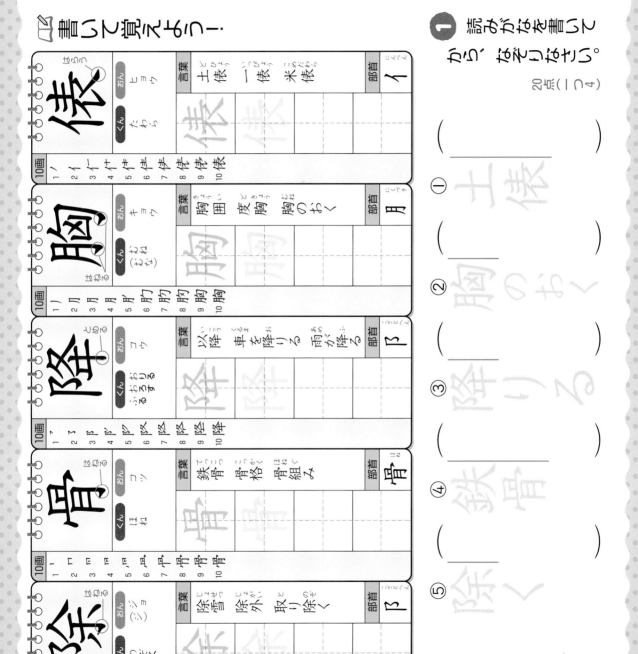

書いて覚えよう！

俵（10画）はらう
- おん：ヒョウ
- くん：たわら
- 言葉：土俵（どひょう）　一俵（いっぴょう）　米俵（こめだわら）
- 部首：亻（にんべん）

胸（10画）はねる
- おん：キョウ
- くん：むね（むな）
- 言葉：胸囲（きょうい）　度胸（どきょう）　胸（むね）のおく
- 部首：月（にくづき）

降（10画）とめる
- おん：コウ
- くん：おりる　おろす　ふる
- 言葉：以降（いこう）　車（くるま）を降（お）りる　雨（あめ）が降（ふ）る
- 部首：阝（こざとへん）

骨（10画）はねる
- おん：コツ
- くん：ほね
- 言葉：鉄骨（てっこつ）　骨格（こっかく）　骨組（ほねぐ）み
- 部首：骨（ほね）

除（10画）はねる
- おん：ジョ　ジ
- くん：のぞく
- 言葉：除雪（じょせつ）　除外（じょがい）　取（と）り除（のぞ）く
- 部首：阝（こざとへん）

1 読みがなを書いてから、なぞりなさい。 20点（一つ4）

① 土俵（　　　）

② 胸（　　　）のおく

③ 降（　　　）りる

④ 鉄骨（　　　）

⑤ 除（　　　）く

2 □にあてはまる漢字を書きなさい。

80点（一つ10）

① □□（こめだわら）をかつぎ上げる。

② □（むね）を打つすばらしい映画（えい）。 ☞p.31

③ 学校の身体検査で□□（きょうい）や身長を測った。

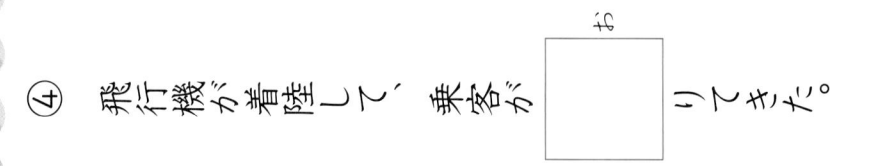

④ 飛行機が着陸して、乗客が□（お）りてきた。

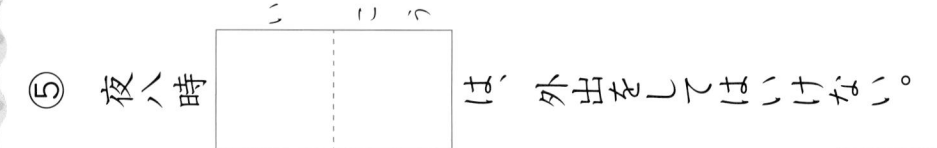

⑤ 夜八時□□（いこう）は、外出をしてはいけない。

⑥ かさの□（ほね）が風で折れる。

⑦ 庭の小石を取り□（のぞ）き、きれいにそうじをした。

⑧ 今回の国語のテストでは、作文は□□（じょがい）された。

②「むね」・③「きょう」は、「月（にくづき）」を使った漢字だよ。

⑤「いこう」には、「意向」「移行」という別の熟語（じゅくご）があります。

23 きほんのドリル

10画 株・純・納・射・班

月　日　目標時間 15分

名前　合格80点　/100点

書いて覚えよう！

漢字	読み	言葉	部首
株（10画）	くん かぶ	株式会社（かぶしきがいしゃ）　切り株（きりかぶ）　株主（かぶぬし）	木（きへん）
純（10画）	おん ジュン	単純（たんじゅん）　純白（じゅんぱく）　純金（じゅんきん）	糸（いとへん）
納（10画）	おん ノウ（ナッ・ナ・ナン・トウ）　くん おさめる・おさまる	納入（のうにゅう）　納品（のうひん）　税金を納める（ぜいきんをおさめる）	糸（いとへん）
射（10画）	おん シャ　くん いる	反射（はんしゃ）　射的（しゃてき）　矢を射る（やをいる）	寸（すん）
班（10画）	おん ハン	班ごと（はんごと）　班長（はんちょう）　取材班（しゅざいはん）	王（おうへん・たまへん）

1 読みがなを書いてから、なぞりなさい。 20点（一つ4）

① 株式会社（　　）
② 単純（　　）
③ 納める（　　）
④ 射る（　　）
⑤ 班長（　　）

2 □にあてはまる漢字を書きなさい。

80点（一つ10）

① □□□□（かぶしきがいしゃ）が多く入るビル。

② 難（むずか）しい問題も□□（たんじゅん）に考えたほうがわかりやすい。 ☞p.91

③ □□（じゅんぱく）のドレスに身を包む。

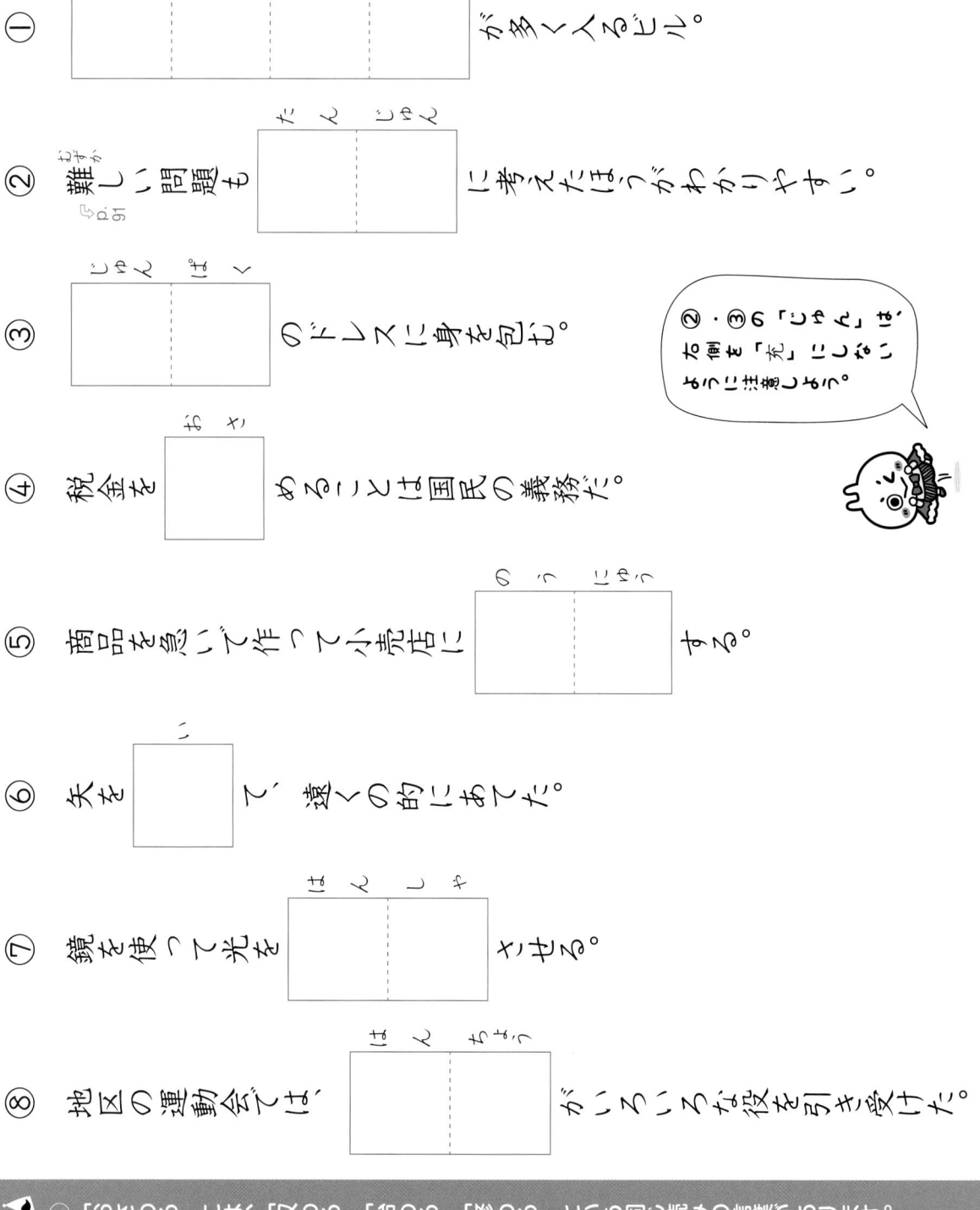

④ 税金を□（おさ）めることは国民の義務だ。

⑤ 商品を急いで作って小売店に□□（のうにゅう）する。

⑥ 矢を□（い）て、遠くの的にあてた。

⑦ 鏡を使って光を□□（はんしゃ）させる。

⑧ 地区の運動会では、□□（はんちょう）がいろいろな役を引き受けた。

②・③の「じゅん」は、右側を「亢」にしないように注意しよう。

④「おさめる」には、「収める」「治める」「修める」という同じ読みの言葉があります。

きほんのドリル 24

10画 蚕・従・将・針・値

名前　月　日　目標時間15分　合格80点　/100点

書いて覚えよう！

蚕（10画）
- おん：サン
- くん：かいこ
- 言葉：養蚕（ようさん）　養蚕業（ようさんぎょう）　蚕（かいこ）を飼（か）う
- 部首：虫（むし）
- 筆順：一 二 ＝ 天 天 吞 吞 吞 蚕 蚕

従（10画）
- おん：ジュウ　（ショウ）　（ジュ）
- くん：したがう　したがえる
- 言葉：従業員（じゅうぎょういん）　従順（じゅうじゅん）　法律（ほうりつ）に従（したが）う
- 部首：彳（ぎょうにんべん）
- 筆順：ノ 彡 彳 彳' 彳'' 彳''' 彳'''' 徉 従 従

将（10画）
- おん：ショウ
- 言葉：将来（しょうらい）　大将（たいしょう）　将軍（しょうぐん）
- 部首：寸（すん）
- 筆順：丨 丬 丬 丬' 丬' 丬'' 丬'' 丬'' 将 将

針（10画）
- おん：シン
- くん：はり
- 言葉：方針（ほうしん）　秒針（びょうしん）　つり針（ばり）　時計（とけい）の針（はり）
- 部首：金（かねへん）
- 筆順：ノ 𠆢 ⼈ 亼 全 全 伞 金 金 針

値（10画）
- おん：チ
- くん：ね　（あたい）
- 言葉：価値（かち）　数値（すうち）　値段（ねだん）
- 部首：亻（にんべん）
- 筆順：ノ 亻 亻 仁 仁 伯 侑 侑 値 値

1 読みがなを書いてから、なぞりなさい。 20点（一つ4）

①蚕のまゆ（　　）

②従う（　　）

③将来（　　）

④つり針（　　）

⑤価値（　　）

2 □にあてはまる漢字を書きなさい。

80点（一つ10）

① 昔、この村には□□（のう・か）（よう・さん）農家がたくさんあった。

① 昔、この村には□□（ようさん）農家がたくさんあった。

② 子供（ども）たちは先生の指示に□（したが）って行動した。 ☞p.21

③ となりの家の犬は、主人にとても□□（じゅう・じゅん）だ。

④ 今から□□（しょう・らい）を考えて計画を立てる。

⑤ つり□（ばり）に大きな魚がかかった。

⑥ 問題が起こっても、初めの□□（ほう・しん）どおり進める。

⑦ 長雨が続いたので、野菜の□（ね）段（だん）が上がった。 ☞p.33

⑧ 平和について書かれたこの物語は、読む□□（か・ち）がある。

②「したがう」の送りがなはまちがえやすいからしっかり覚えておこう。

⑥「ほうしん」は、「ほう角を示す磁石（じしゃく）のはり」の意味から、目ざすほう向や、やりかたのことをいいます。

きほんのドリル 25

10画 俳・展・討・朗・秘

名前　　月　日　目標時間 15分　合格80点　/100点

書いて覚えよう！

漢字	画数	おん	くん	言葉	部首
俳（はらう）	10画	ハイ		俳句（はいく）　俳人（はいじん）　俳優（はいゆう）	亻（にんべん）
展（長く）	10画	テン		発展（はってん）　展示（てんじ）　展覧会（てんらんかい）	尸（しかばね・かばね）
討（はねる）	10画	トウ	（うつ）	討論会（とうろんかい）　検討（けんとう）　討議（とうぎ）	言（ごんべん）
朗（はねる）	10画	ロウ	（ほがらか）	朗読（ろうどく）　朗報（ろうほう）　明朗（めいろう）	月（つき）
秘（はらう）	10画	ヒ	（ひめる）	秘伝（ひでん）　神秘（しんぴ）　秘密（ひみつ）	禾（のぎへん）

1 読みがなを書いてから、なぞりなさい。　20点（一つ4）

① 俳句（　　　）

② 発展（　　　）

③ 検討（　　　）

④ 朗読（　　　）

⑤ 秘伝（　　　）

80点（一つ10）

2 □にあてはまる漢字を書きなさい。

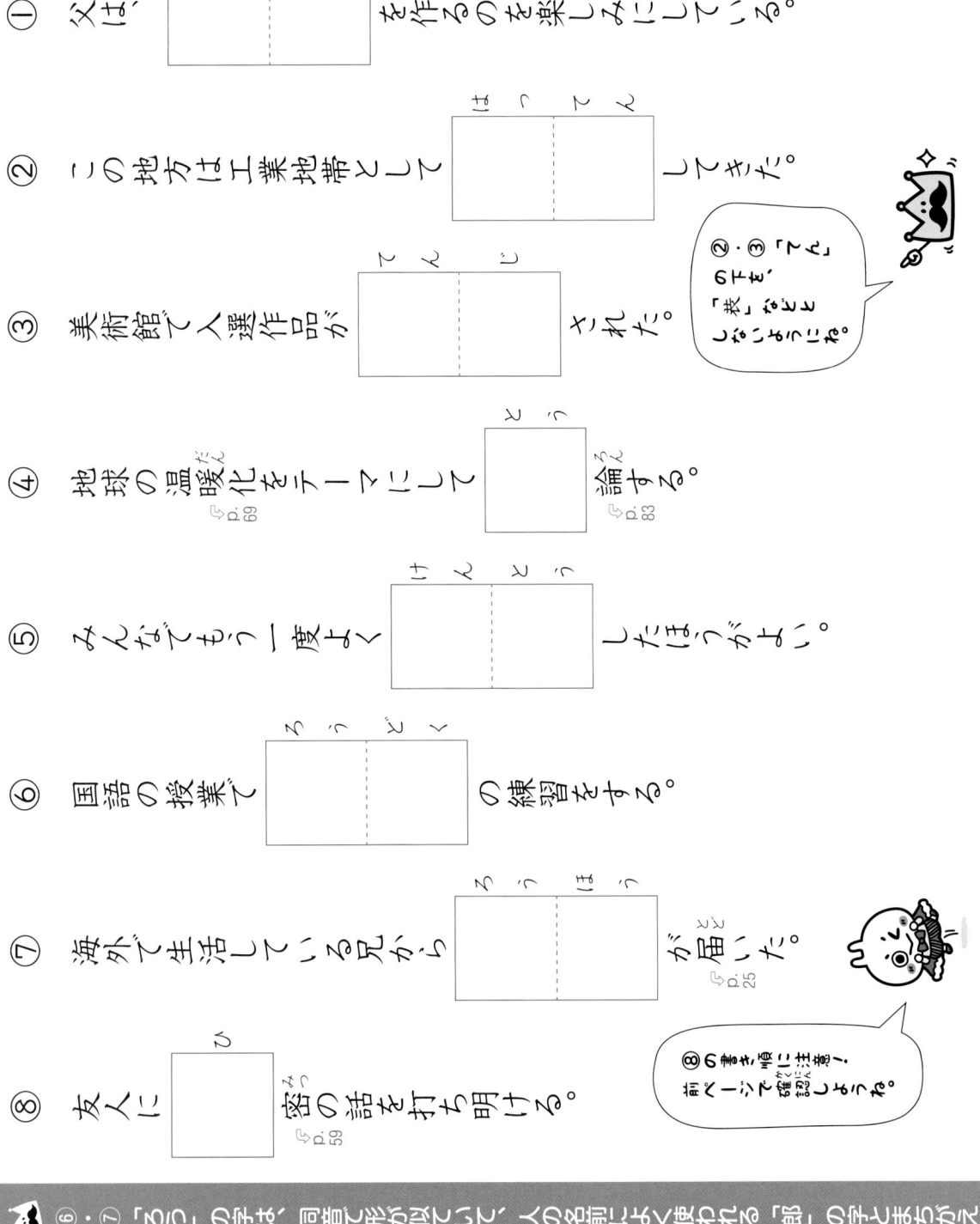

① 父は、□□（はいく）を作るのを楽しみにしている。

② この地方は工業地帯として□□（はってん）してきた。

③ 美術館で入選作品が□□（てんじ）された。

②・③「てん」の下を、「衣」などとしないようにね。

④ 地球の温暖（だん）化をテーマにして□（とう）論（ろん）する。 ☞p.69 ☞p.83

⑤ みんなでもう一度よく□□（けんとう）したほうがよい。

⑥ 国語の授業で□□（ろうどく）の練習をする。

⑦ 海外で生活している兄から□□（ろうほう）が届（とど）いた。 ☞p.25

⑧ 友人に□（ひ）密（みつ）の話を打ち明ける。 ☞p.59

⑧の書き順に注意！前ページで確認（かくにん）しようね。

⑥・⑦「ろう」の字は、同音で形が似ていて、人の名前によく使われる「郎」の字とまちがえやすいので注意しましょう。

10画・11画 陛・座・党・窓・異

月　日

目標時間 15分

名前

合格80点　/100点

書いて覚えよう！

漢字	読み	言葉	部首	筆順
陛（上にはねる）	おん：ヘイ	陛下（へいか）、皇后陛下（こうごうへいか）	阝（こざとへん）	10画：1 ⁷ 2 ³ 3 阝 4 阝ˉ 5 阝ᅩ 6 阝ᅩ 7 阝比 8 阝比 9 陛 10 陛
座（上へ長く）	おん：ザ　くん：（すわる）	座席（ざせき）、星座（せいざ）、座談会（ざだんかい）	广（まだれ）	10画：1 丶 2 亠 3 广 4 广 5 広 6 広 7 広 8 座 9 座 10 座
党（上にはねる）	おん：トウ	政党（せいとう）、党員（とういん）、党首（とうしゅ）	儿（ひとあし・にんにょう）	10画：1 丶 2 ⺌ 3 ⺌ 4 ⺌ 5 ⺌ 6 ⺌ 7 ⺌ 8 ⺌ 9 党 10 党
窓（つける）	おん：ソウ　くん：まど	車窓（しゃそう）、同窓会（どうそうかい）、窓辺（まどべ）	穴（あなかんむり）	11画：1 丶 2 ⺍ 3 宀 4 穴 5 穴 6 空 7 空 8 空 9 窓 10 窓 11 窓
異（長く）	おん：イ　くん：こと	異国（いこく）、異常（いじょう）、意見（いけん）が異（こと）なる	田（た）	11画：1 丨 2 ㄇ 3 冂 4 用 5 田 6 田 7 甲 8 畀 9 里 10 異 11 異

1 読みがなを書いてから、なぞりなさい。

20点（一つ4）

① 陛下（　　　）

② 座席（　　　）

③ 政党（　　　）

④ 車窓（　　　）

⑤ 異なる（　　　）

2 □にあてはまる漢字を書きなさい。　　80点（一つ10）

① 皇后（こうごう）が［へいか］が集まった国民に手をふられた。 p.35⇦ p.13⇦

② 始業のベルが鳴ったので［ざせき］に着いた。

③ 冬の夜空に［せいざ］がかがやいている。

④ 選挙の前に新しい［せいとう］が結成された。

⑤ 船の円い［まど］からエーゲ海の島が見えた。

⑥ ［しゃそう］から入る風がさわやかだ。

⑦ 問題解決のための意見が［こと］なる。

⑧ 夜明け前に［いじょう］事態が発生した。

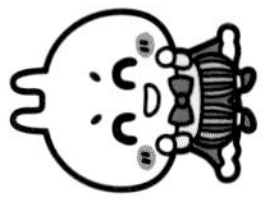

④「とう」の上の部分を「ツ」としないようにしよう。

⑥「しゃそう」は、列車や自動車などの乗り物の「まど」のことです。

27 まとめのテスト4

名前

月　日

目標時間 20分

合格80点　/100点

1 ――の漢字の読みがなを書きなさい。　48点（一つ4）

① 美しい 俳句（　　）に 胸（　　）を打たれる。

② 活動 方針（　　）をみんなで 検討（　　）する。

③ 国語の授業で詩を 朗読（　　）した。

④ 電車で老人に 座席（　　）をゆずる。

⑤ 皇后 陛下（　　）が植樹（じゅ）祭に出席された。

⑥ 政党（　　）に所属する議員。

⑦ 米俵（　　）の重みで 骨（　　）がきしむ。

⑧ 昔、私の家では 養蚕（　　）が行われていた。

⑨ 反射（　　）した光がまぶしい。

2 □にあてはまる漢字を書きなさい。

52点（一つ4）

① □（まど）のすきまから風がしのびこむ。

② 前に経験している人を参加者から□□（じょがい）する。

③ バスを□（お）りてからの道は□□（たんじゅん）だ。

④ 歴史的な□□（かち）のある古文書（こもんじょ）を国に□（おさ）める。

⑤ 姉と妹では、性格が全く□（こと）なる。

⑥ □□（しょうらい）の日本の□□（はってん）のために努力する。

⑦ みんなで資金を出して□□□□（かぶしきがいしゃ）を設立した。

⑧ □□（はんちょう）の指示に□（したが）って、グループで行動する。

⑨ 二人の間の□（ひ）密（みつ）を守る。

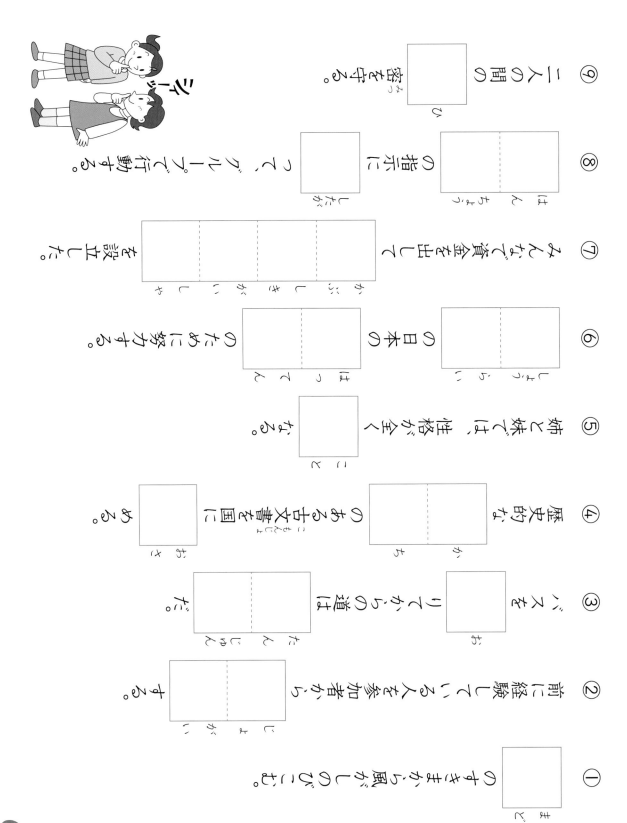

28 きほんのドリル

11画 郷・域・視・推・捨

名前　月　日　目標時間15分　合格80点　/100点

書いて覚えよう！

郷（11画）「良」としない
おん：キョウ（ゴウ）
言葉：郷里（きょうり）　故郷（こきょう）　郷土（きょうど）
部首：阝（おおざと）

域（11画）わすれずに
おん：イキ
言葉：地域（ちいき）　流域（りゅういき）　区域（くいき）
部首：土（つちへん）

視（11画）上にはねる
おん：シ
言葉：視点（してん）　視察（しさつ）　視野（しや）
部首：見（みる）

推（11画）はねる
おん：スイ　くん：（おす）
言葉：推定（すいてい）　推理（すいり）　推測（すいそく）
部首：扌（てへん）

捨（11画）長く
おん：シャ　くん：すてる
言葉：取捨（しゅしゃ）　四捨五入（ししゃごにゅう）　ごみを捨てる（す）
部首：扌（てへん）

1 読みがなを書いてから、なぞりなさい。　20点（一つ4）

①郷里（　　）
②地域（　　）
③視察（　　）
④推定（　　）
⑤捨てる（　　）

2 □にあてはまる漢字を書きなさい。

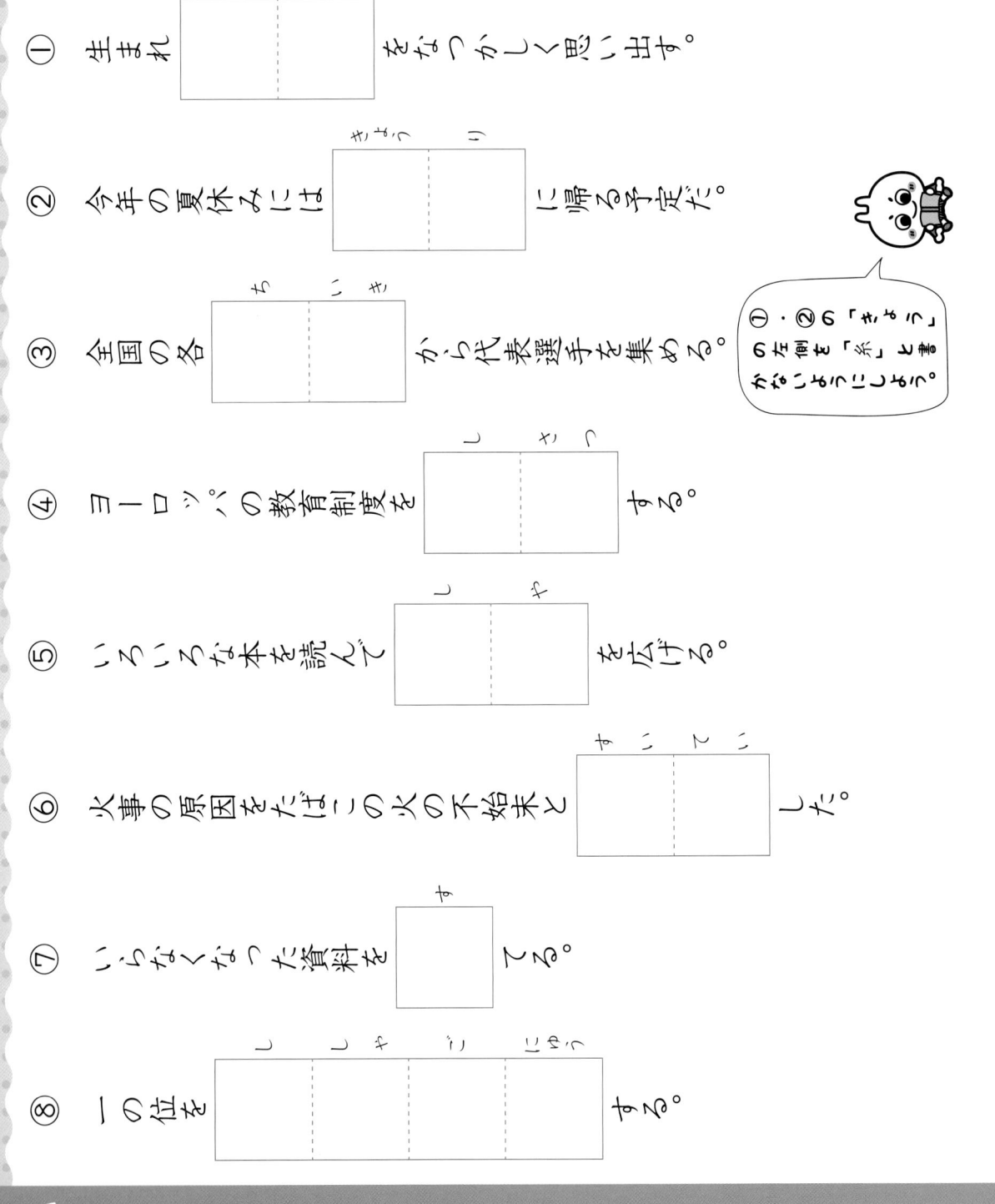

80点（一つ10）

① 生まれ［こ｜きょう］をなつかしく思い出す。

② 今年の夏休みには［きょう｜り］に帰る予定だ。

③ 全国の各［ち｜いき］から代表選手を集める。

④ ヨーロッパの教育制度を［し｜さつ］する。

⑤ いろいろな本を読んで［し｜や］を広げる。

⑥ 火事の原因をたばこの火の不始末と［すい｜てい］した。

⑦ いらなくなった資料を［す］てる。

⑧ 一の位を［し｜しゃ｜ご｜にゅう］する。

①・②の「きょう」の左側を「糸」と書かないようにしよう。

⑦「すてる」は、反対語（対義語）の「拾う（ひろう）」と形が似ています。しっかり区別しましょう。

29 きほんのドリル

11画 済・盛・探・頂・脳

名前　月　日　目標時間 15分　合格80点　/100点

書いて覚えよう！

済（11画）
- おん：サイ
- くん：すむ／すます
- 言葉：経済　救済　用事を済ます
- 部首：氵（さんずい）

盛（11画）
- おん：（セイ）（ジョウ）
- くん：もる（さかる）（さかん）
- 言葉：土を盛る　盛り上げる　盛りこむ
- 部首：皿（さら）

探（11画）
- おん：タン
- くん：（さぐる）さがす
- 言葉：探検（探険）　探知　虫を探す
- 部首：扌（てへん）

頂（11画）
- おん：チョウ
- くん：いただく／いただき
- 言葉：山頂　雪を頂く山　山の頂
- 部首：頁（おおがい）

脳（11画）
- おん：ノウ
- 言葉：頭脳　首脳　脳の働き
- 部首：月（にくづき）

1 読みがなを書いてから、なぞりなさい。 20点（一つ4）

① 経済（　　）
② 盛る（　　）
③ 探す（　　）
④ 山頂（　　）
⑤ 頭脳（　　）

2 □にあてはまる漢字を書きなさい。　80点（一つ10）

① 勉強を□（す）ませてから遊びに行く。

② 兄は大学で□□（けいざい）学を勉強している。

③ 海辺の砂（すな）を□（も）り上げ、小さな山をいくつも作った。☞p.31

④ 仕事に使うかばんをデパートで□（さが）した。

⑤ 地球上に残された未開の土地を□□（たんけん）する。

⑥ 山の□（いただき）が雪で白くなっている。

⑦ とうとうエベレストの□□（さんちょう）をきわめた。

⑧ □（のう）の働きを研究している医学者の話を聞く。

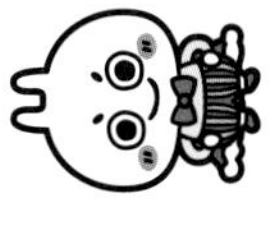

⑥「山の□（いただき）」というときには
送りがなはつかないけれど、
「おいしく□（いただ）きました」という
ときには、送りがなが必要だね。

きほんのドリル 30

11画 郵・著・閉・訪・訳

月　日　目標時間 15分

名前

合格80点　/100点

書いて覚えよう！

郵　「戸」にしない
- おん：ユウ
- 言葉：郵便局（ゆうびんきょく）　郵送（ゆうそう）
- 部首：阝（おおざと）
- 11画

著　つける
- おん：チョ
- くん：（あらわす）（いちじるしい）
- 言葉：著者（ちょしゃ）　著作物（ちょさくぶつ）　著名（ちょめい）
- 部首：艹（くさかんむり）
- 11画

閉　はねる
- おん：ヘイ
- くん：とじる　（とざす）　しめる　しまる
- 言葉：閉会式（へいかいしき）　門（もん）を閉（と）じる　戸（と）を閉（し）める
- 部首：門（もんがまえ）
- 11画

訪　はねる
- おん：ホウ
- くん：（おとずれる）　たずねる
- 言葉：訪問（ほうもん）　来訪（らいほう）　家（いえ）を訪（たず）ねる
- 部首：言（ごんべん）
- 11画

訳　はらう
- おん：ヤク
- くん：わけ
- 言葉：訳者（やくしゃ）　本（ほん）を訳（やく）す　言（い）い訳（わけ）
- 部首：言（ごんべん）
- 11画

1 読みがなを書いてから、なぞりなさい。 20点（一つ4）

① 郵便（　　　）

② 著者（　　　）

③ 閉じる（　　　）

④ 訪ねる（　　　）

⑤ 訳者（　　　）

2 □にあてはまる漢字を書きなさい。

80点（一つ10）

① 北海道（ほっかいどう）の友人に □□（ゆうびん） で小包を送った。

② このベストセラー作品の □□（ちょしゃ） は有名だ。

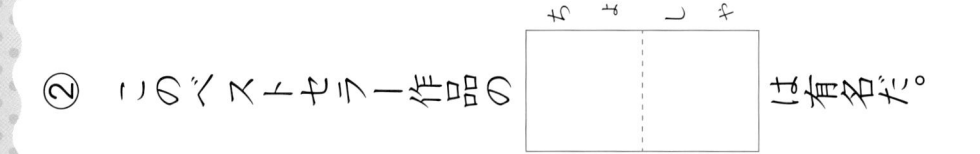

③ 門が □（と） じられているので中に入れない。

④ オリンピックの □□□（へいかいしき） を見る。

⑤ 今度の日曜日に友人の家を □（たず） ねる予定だ。

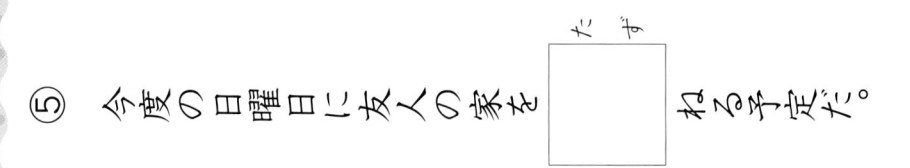

⑥ 今日は □□（ほうもん） 客がたくさんやってきた。

⑦ 集合時間におくれた言い □（わけ） はしなくてもよい。

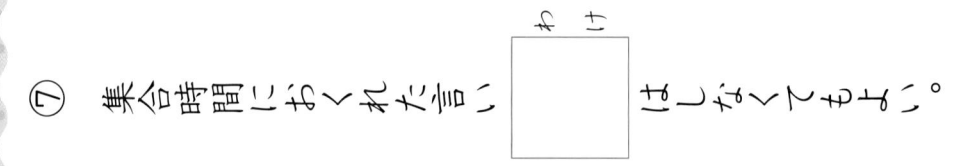

⑧ 父は、ロシア語の本を何冊（さつ）も日本語に □（やく） した。 ☞p.7

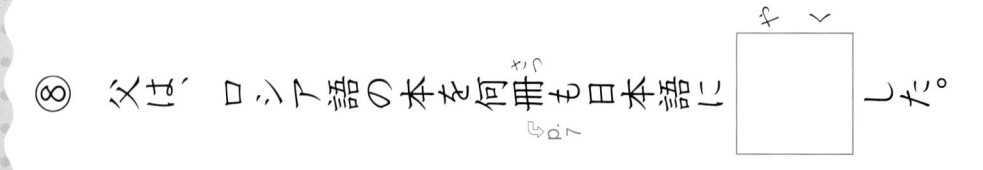

⑥「ほうもん」の「もん」は、まちがえやすいのでしっかり覚えましょう。

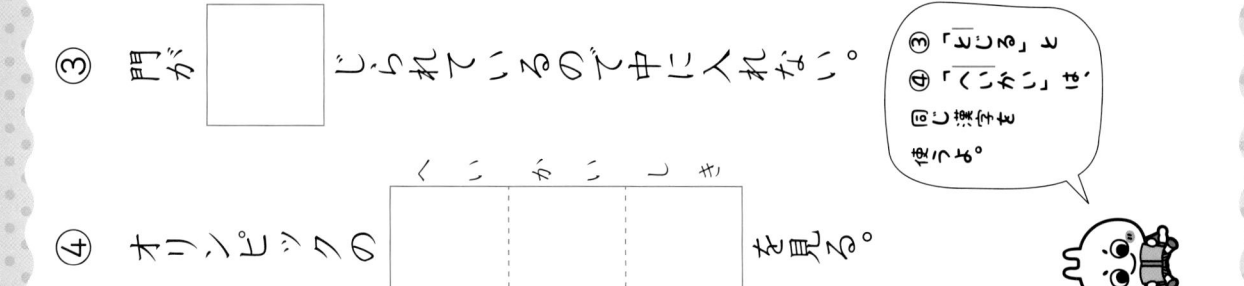

31 きほんのドリル

11画・12画
翌・密・欲・割・尊

名前　月　日　目標時間 15分　合格80点　/100点

書いて覚えよう！

翌（11画）はねる
- おん：ヨク
- 言葉：翌日（よくじつ）　翌週（よくしゅう）　翌年（よくねん）
- 部首：羽（はね）

密（11画）はねる
- おん：ミツ
- 言葉：過密（かみつ）　秘密（ひみつ）　密度（みつど）
- 部首：宀（うかんむり）

欲（11画）はらう
- おん：ヨク
- くん：（ほっする）（ほしい）
- 言葉：食欲（しょくよく）　欲望（よくぼう）　意欲（いよく）
- 部首：欠（あくび・かける）

割（12画）出ない
- おん：（カツ）
- くん：わる　わり　われる　（さく）
- 言葉：竹（たけ）を割（わ）る　役割（やくわり）　皿（さら）が割（わ）れる
- 部首：刂（りっとう）

尊（12画）この形に注意
- おん：ソン
- くん：たっとい　とうとい　たっとぶ　とうとぶ
- 言葉：尊大（そんだい）　尊敬（そんけい）　尊（とうと）い教（おし）え　親（おや）を尊（たっと）ぶ
- 部首：寸（すん）

1 読みがなを書いてから、なぞりなさい。
20点（一つ4）

①翌日（　　）
②過密（　　）
③食欲（　　）
④役割（　　）
⑤尊大（　　）

2 □にあてはまる漢字を書きなさい。

80点（一つ10）

① □□（よくねん）には、この橋も完成しているだろう。

② 当時、秘（ひ）□（みつ）にされていた外交文書が公表された。 p.47

③ 日本（にほん）の都市部は人口□□（みつど）がとても高い。

④ 胃（い）の調子が悪くて□□（しょくよく）がない。 p.29

⑤ 光は植物の生長に重要な□□（やくわり）を果たしている。

⑥ 竹を二つに□（わ）って入れ物を作る。

⑦ □（とうと）い教えを大切にして生きる。

⑧ □□（そんだい）な態度はよくないと注意を受ける。

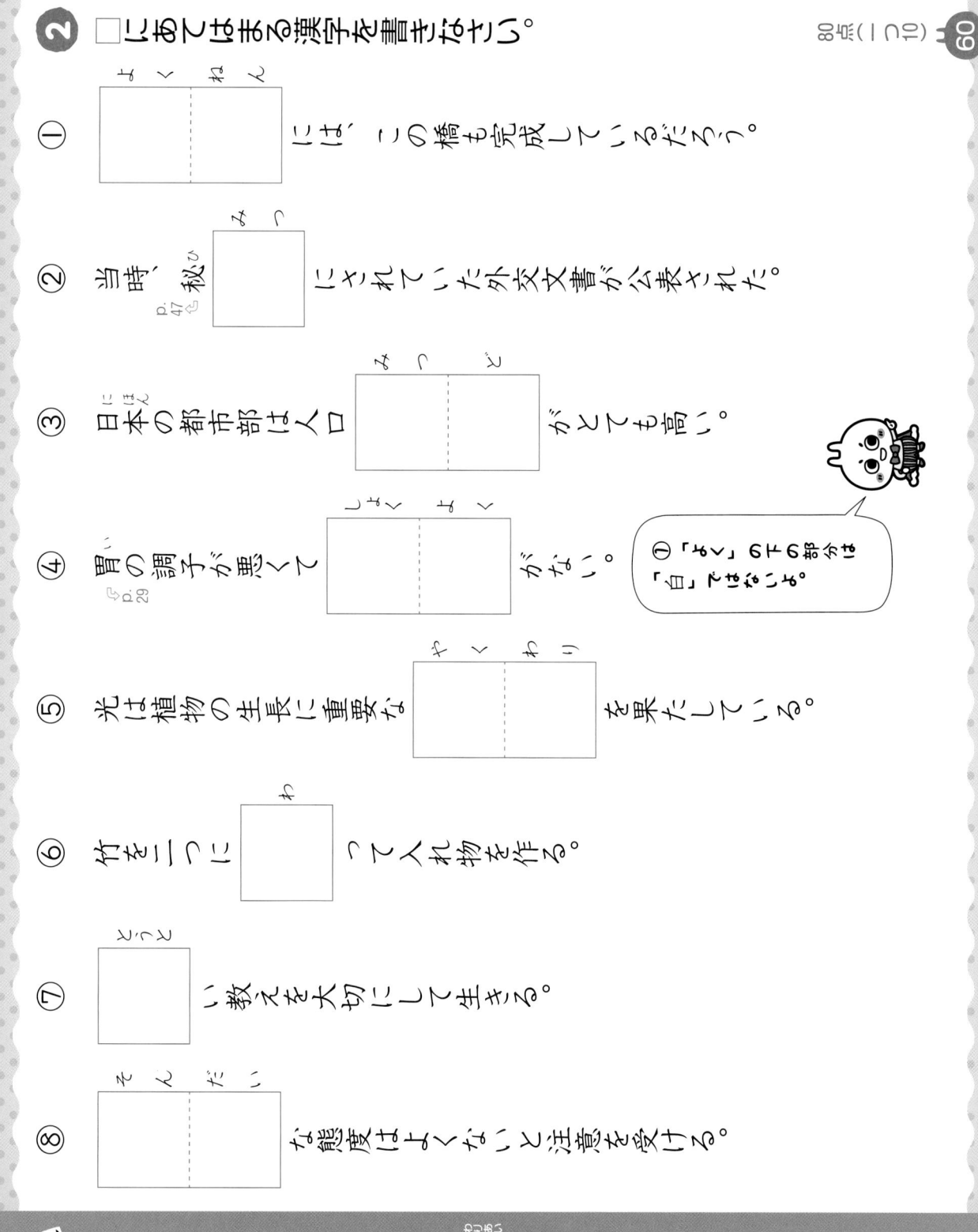

③「みつど」は、物や内容がつまっている割合（わりあい）のことを意味しています。「人口みつど」という言葉でよく使われます。

32 きほんのドリル

12画 敬・勤・就・晩・裁

名前　　月　日　目標時間 15分　合格80点　/100点

書いて覚えよう！

敬（12画）はねる
- おん：ケイ
- くん：うやまう
- 言葉：尊敬（そんけい）　敬語（けいご）　先生を敬う（せんせいをうやまう）
- 部首：攵（のぶん・ぼくづくり）

勤（12画）はねる
- おん：キン（ゴン）
- くん：つとめる　つとまる
- 言葉：出勤（しゅっきん）　勤務（きんむ）　会社に勤める（かいしゃにつとめる）
- 部首：力（ちから）

就（12画）上にはねる
- おん：シュウ（ジュ）
- くん：（つく）（つける）
- 言葉：就職（しゅうしょく）　就学（しゅうがく）　就業（しゅうぎょう）
- 部首：尢（だいのまげあし）

晩（12画）上にはねる
- おん：バン
- 言葉：晩ご飯（ばんごはん）　毎晩（まいばん）　晩春（ばんしゅん）
- 部首：日（ひへん）

裁（12画）わすれずに
- おん：サイ
- くん：（たつ）　さばく
- 言葉：裁判所（さいばんしょ）　洋裁（ようさい）　罪を裁く（つみをさばく）
- 部首：衣（ころも）

1 読みがなを書いてから、なぞりなさい。

20点（一つ4）

① 敬う（　　　）
② 勤める（　　　）
③ 就職（　　　）
④ 毎晩（　　　）
⑤ 裁く（　　　）

2 □にあてはまる漢字を書きなさい。

① 先生はみんなに尊（そん）［けい］されている。 ☞p.59

② 先生を［うやま］う気持ちが大切だ。

③ 兄は、今年の四月から会社に［つと］めている。

④ 父の会社は午後五時までが［きん｜む］時間だ。

⑤ 姉は、学校を卒業して銀行に［しゅう｜しょく］した。

⑥ 父は［まい｜ばん］おそくまで仕事をしている。

⑦ 人が人を［さば］くことは大変難（むずか）しい。 ☞p.91

⑧ ［さい｜ばん］は公正に行われなければならない。

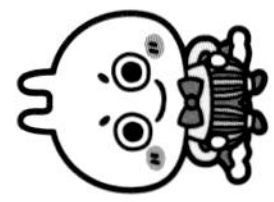

⑤の「しゅう」の十画目は、「ノ」と一画で一気に書くよ。

③「つとめる」には、ほかに「努める」「務める」などの同じ読みの言葉があります。

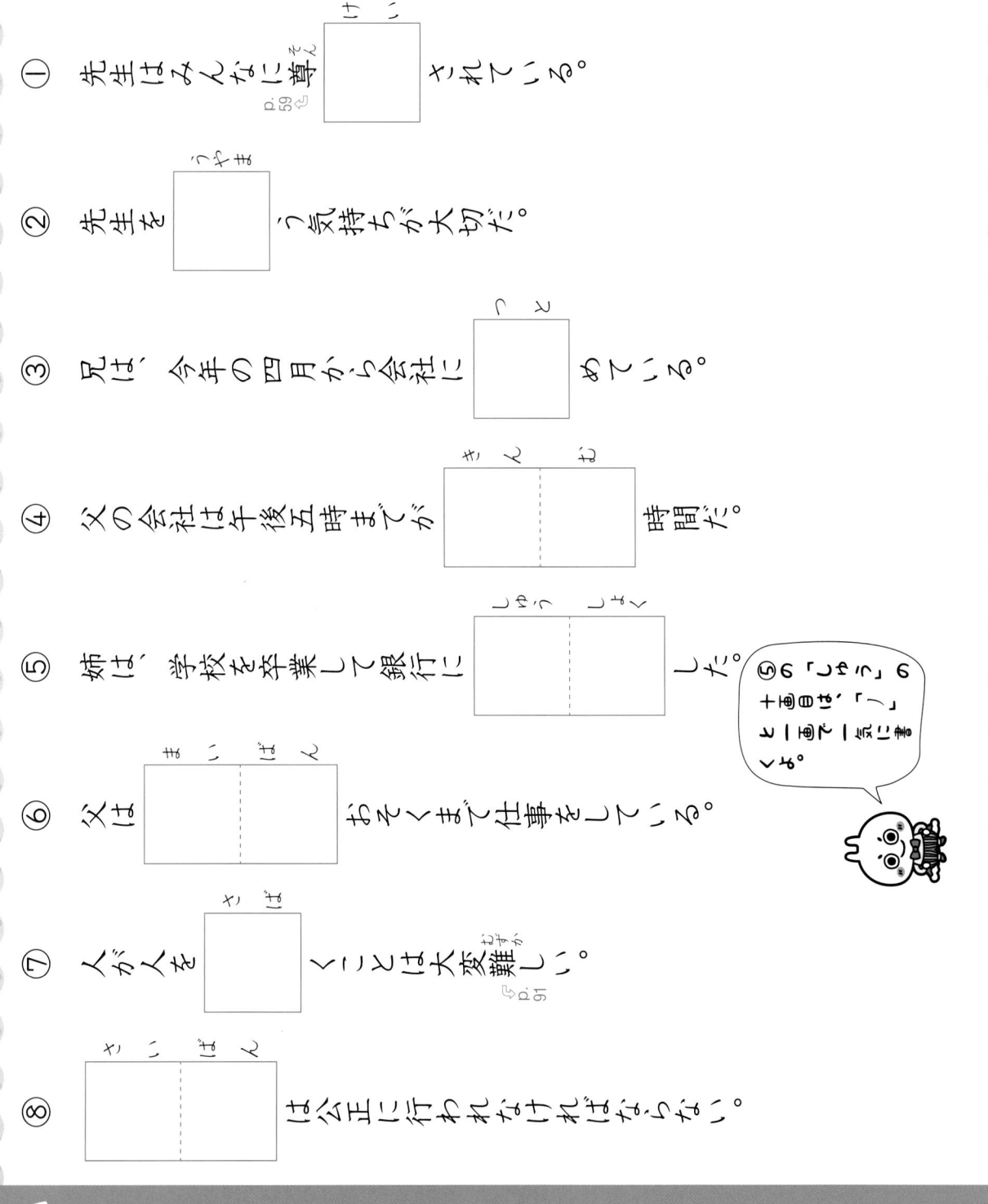

33 まとめのテスト5

名前　　月　日　目標時間20分　合格80点　/100点

1 ——の漢字の読みがなを書きなさい。　48点(一つ4)

① アマゾン川を探検したのは、その翌週だ。

② 経済の活性化案が盛りこまれた。

③ それぞれの役割を決める。

④ 郷里で特に尊敬されている人。

⑤ 山頂には雪が積もっている。

⑥ どうしてできなかったのか、訳を話す。

⑦ 脳の検査をする。

⑧ 勉強に対する意欲がわく。

⑨ 千の位を四捨五入した数字を答える。

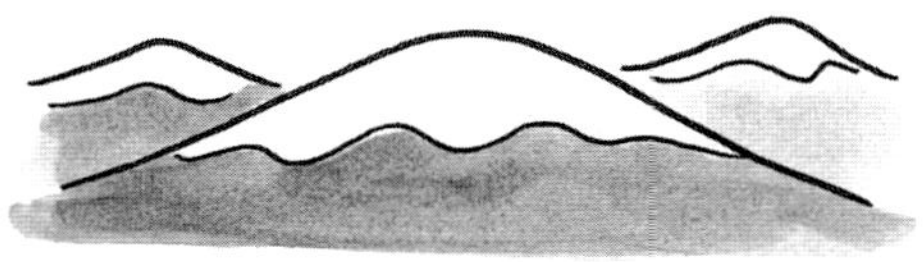

2 □にあてはまる漢字を書きなさい。

52点（一つ4）

① 父は□□□（さいばんしょ）に□□（きんむ）している。

② □□（まいばん）、夜空の星をながめる。

③ 師の□（とうと）い教えを忘（わす）れない。

④ この本の□□（ちょしゃ）の経歴は□□（ひみつ）だ。

⑤ アメリカの友人を□□（ほうもん）する。

⑥ □□（しや）を広げて考える。

⑦ □□□（へいかいしき）で演奏（そう）をする。

⑧ □□（ちいき）ごとの人数を□□（すいてい）する。

⑨ 兄は□□□（ゆうびんきょく）に□□（しゅうしょく）した。

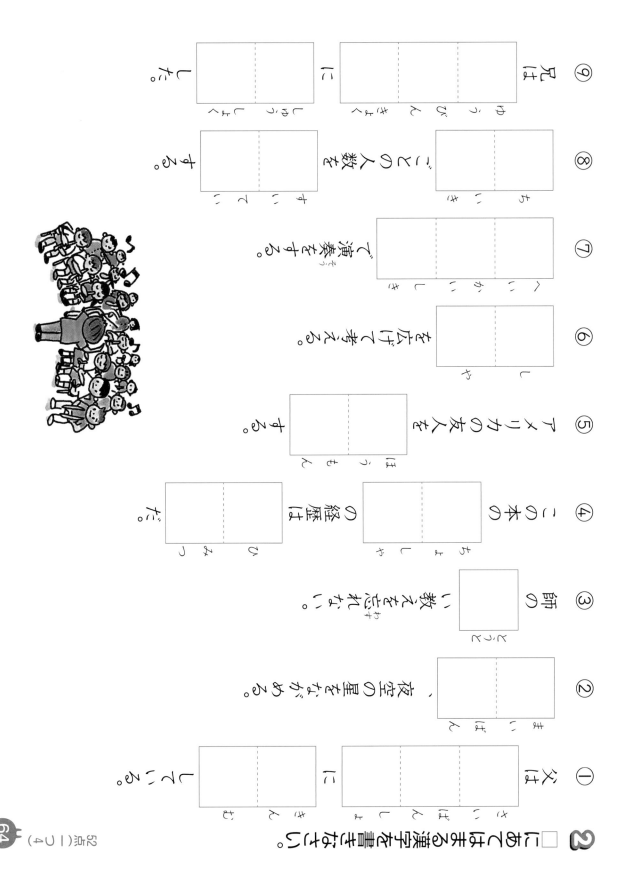

12画 揮・筋・策・詞・衆

月　日　目標時間 15分

名前　　合格80点　/100点

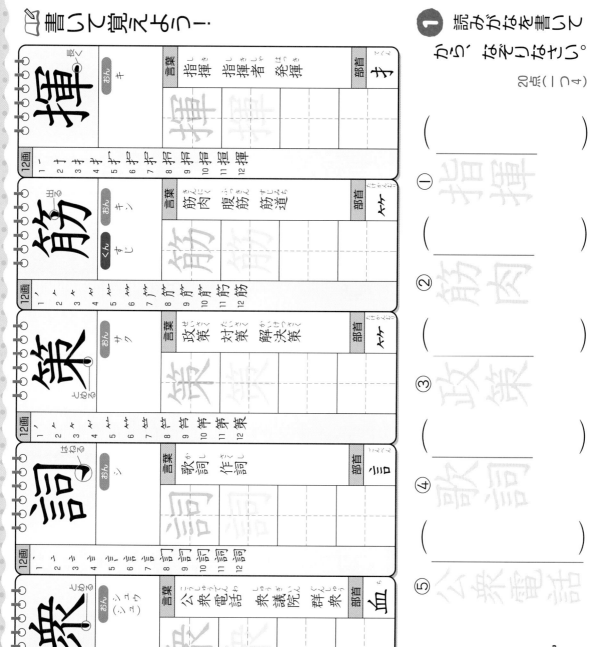

書いて覚えよう！

揮（長く）12画
- おん：キ
- 言葉：指揮（しき）　指揮者（しきしゃ）　発揮（はっき）
- 部首：扌（てへん）
- 筆順：1〜12

筋（出る）12画
- おん：キン
- くん：すじ
- 言葉：筋肉（きんにく）　腹筋（ふっきん）　筋道（すじみち）
- 部首：⺮（たけかんむり）
- 筆順：1〜12

策（とめる）12画
- おん：サク
- 言葉：政策（せいさく）　対策（たいさく）　解決策（かいけつさく）
- 部首：⺮（たけかんむり）
- 筆順：1〜12

詞（はねる）12画
- おん：シ
- 言葉：歌詞（かし）　作詞（さくし）
- 部首：言（ごんべん）
- 筆順：1〜12

衆（とめる）12画
- おん：シュウ（シュ）
- 言葉：公衆電話（こうしゅうでんわ）　衆議院（しゅうぎいん）　群衆（ぐんしゅう）
- 部首：血（ち）
- 筆順：1〜12

1 読みがなを書いてから、なぞりなさい。

20点（一つ4）

① 指揮（　　　）

② 筋肉（　　　）

③ 政策（　　　）

④ 歌詞（　　　）

⑤ 公衆電話（　　　）

2 □にあてはまる漢字を書きなさい。

80点（一つ10）

① 音楽会でオーケストラの□□（しき）をする。

② 野球大会で実力を□□（はっき）して優勝した。

☞p.89

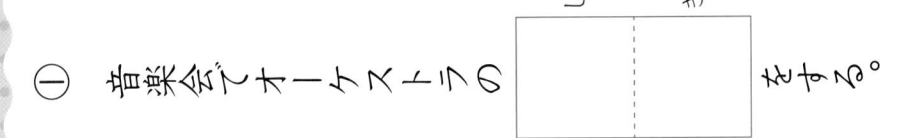

③ □□（すじみち）を立てて説明する。

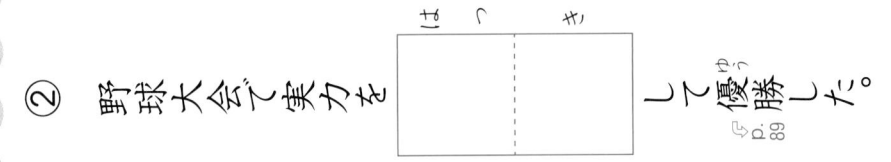

④ 長年スポーツをしている選手の□□（きんにく）はみごとだ。

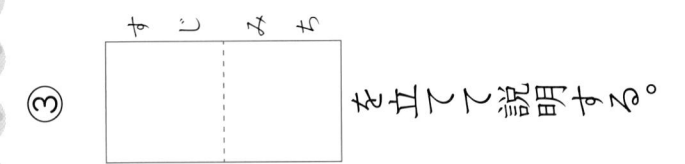

⑤ 選挙の前に外交□□（せいさく）を発表する。

⑥ ダイオキシン□□（たいさく）について調べる。

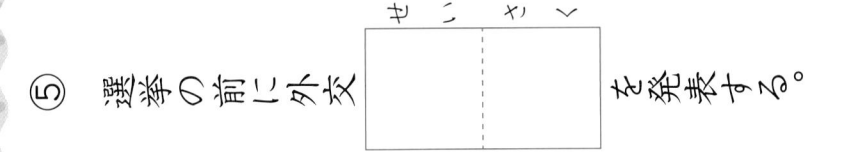

⑦ □□（かし）の意味をよく考えてから歌う。

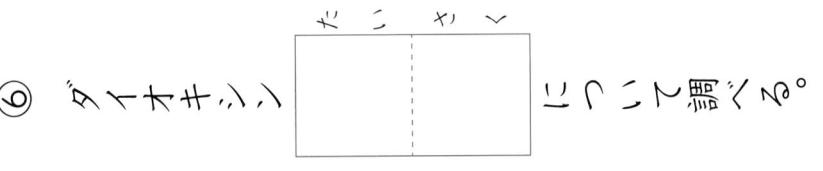

⑧ 駅の□□□□（こうしゅうでんわ）を利用した。

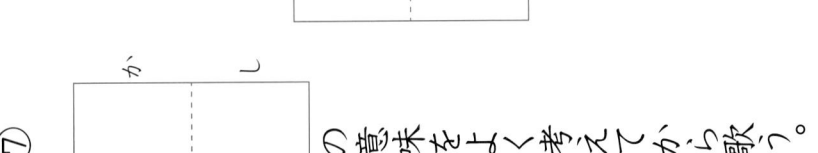

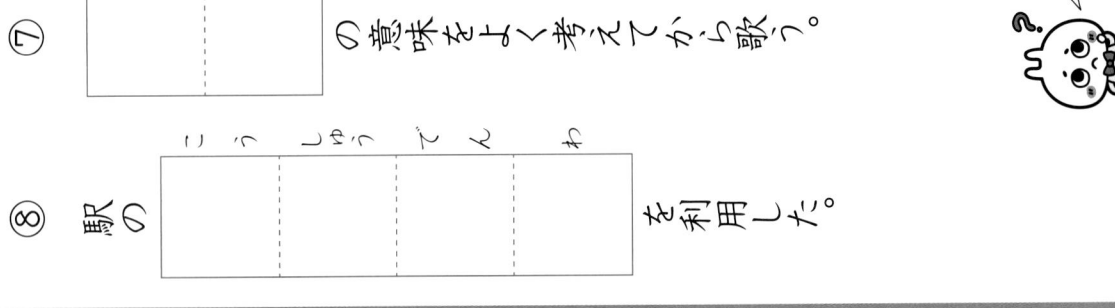

⑧「しゅう」という読みをもつ漢字は、「秋」・「週」・「州」・「終」・「習」・「周」・「修」・「収」・「宗」・「就」など、とてもおおいよ。

⑤「せいさく」は、せい治を行うためのものです。ほかに「制作」「製作」など同じ読みの熟語があります。

35 きほんのドリル

12画 貴・善・創・装・痛

名前　月　日　目標時間 15分　合格80点　/100点

書いて覚えよう！

貴（つける）
- おん：キ
- くん：（たっとい）（とうとい）（たっとぶ）（とうとぶ）
- 言葉：貴重（きちょう）　貴族（きぞく）　高貴（こうき）
- 部首：貝（かい・こがい）
- 12画：筆順 1〜12

善（のばす）
- おん：ゼン
- くん：よい
- 言葉：善悪（ぜんあく）　善人（ぜんにん）　善い行い（よいおこない）
- 部首：口（くち）
- 12画：筆順 1〜12

創（はねる）
- おん：ソウ
- くん：つくる
- 言葉：創作（そうさく）　創立（そうりつ）　未来を創る（みらいをつくる）
- 部首：刂（りっとう）
- 12画：筆順 1〜12

装（下を短く）
- おん：ソウ（ショウ）
- くん：（よそおう）
- 言葉：装備（そうび）　装置（そうち）　服装（ふくそう）
- 部首：衣（ころも）
- 12画：筆順 1〜12

痛（はねる）
- おん：ツウ
- くん：いたい　いたむ　いためる
- 言葉：頭痛（ずつう）　苦痛（くつう）　歯が痛む（はがいたむ）
- 部首：疒（やまいだれ）
- 12画：筆順 1〜12

1 読みがなを書いてから、なぞりなさい。

20点（一つ4）

① 貴重（　　）
② 善い（　　）
③ 創作（　　）
④ 装備（　　）
⑤ 痛い（　　）

2 □にあてはまる漢字を書きなさい。

80点（一つ10）

① それは人類にとって大変□□（きちょう）な発見だった。

② 世の中のために□（よ）い行いをする。

③ □□（ぜんあく）の判断がつかなければいけない。

④ 詩や小説などの□□（そうさく）集を編む。

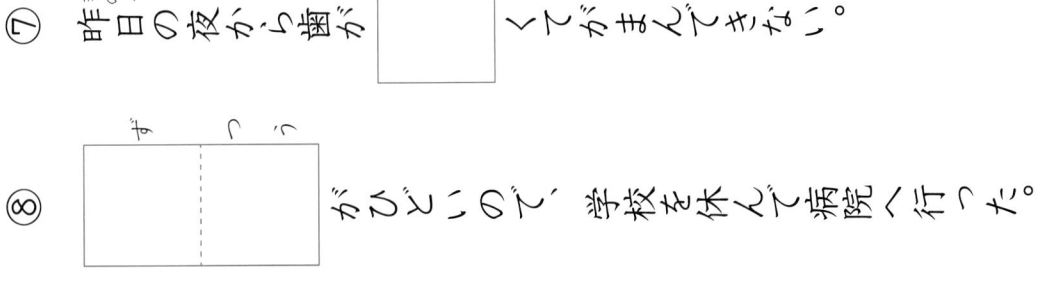

⑤ 出港する前に、船にレーダーを□□（そうび）した。

⑥ 学生らしい□□（ふくそう）が望ましい。

⑦ 昨日（きのう）の夜から歯が□（いた）くてがまんできない。

⑧ □□（ずつう）がひどいので、学校を休んで病院へ行った。

③「ぜんあく」は、「明暗」「強弱」「前後」のように意味が反対になる漢字を組み合わせたものです。

36 きほんのドリル

12画・13画 棒・補・腸・預・暖

名前

月　日

目標時間 15分

合格80点　/100点

書いて覚えよう！

棒（12画）　上より長く
- おん：ボウ
- 言葉：鉄棒（てつぼう）　綿棒（めんぼう）　棒立（ぼうだ）ちになる
- 部首：木（きへん）

補（12画）　はねる
- おん：ホ
- くん：おぎなう
- 言葉：補足（ほそく）　立候補（りっこうほ）　言葉（ことば）を補（おぎな）う
- 部首：衤（ころもへん）

腸（13画）　はねる
- おん：チョウ
- 言葉：胃腸（いちょう）　大腸（だいちょう）　腸（ちょう）の働（はたら）き
- 部首：月（にくづき）

預（13画）　「矛」にしない
- おん：ヨ
- くん：あずける　あずかる
- 言葉：預金（よきん）　荷物（にもつ）を預（あず）ける
- 部首：頁（おおがい）

暖（13画）　長く
- おん：ダン
- くん：あたたか　あたたかい　あたたまる　あたためる
- 言葉：温暖化（おんだんか）　暖冬（だんとう）　暖（あたた）かい日（ひ）
- 部首：日（ひへん）

1 読みがなを書いてから、なぞりなさい。　20点（一つ4）

① 鉄棒（　　）

② 補う（　　）

③ 胃腸（　　）

④ 預金（　　）

⑤ 暖かい（　　）

2 □にあてはまる漢字を書きなさい。

80点（一つ10）

① 犬も歩けば□（ぼう）に当たる。

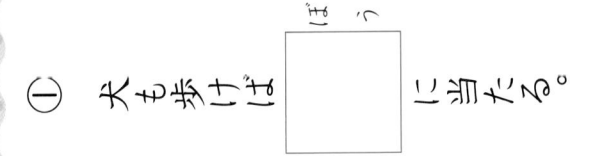

② 話が理解されていないので、さらに説明を□（おぎな）った。

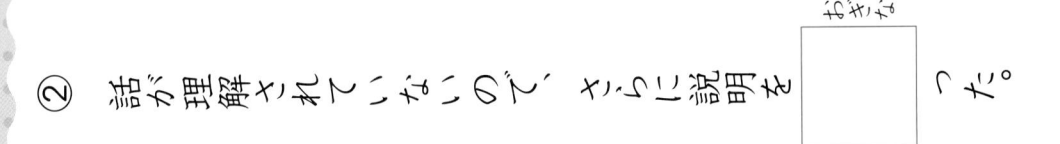

③ 授業のあと、先生が内容を□□（ほそく）した。

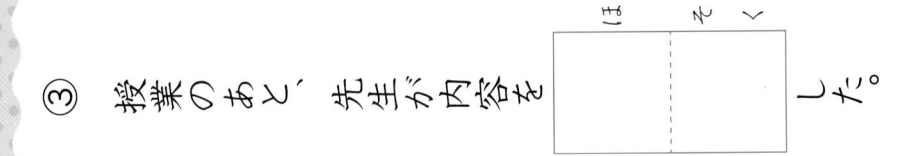

④ 胃（い）□（ちょう）の働きをよくする薬を飲む。

p.29

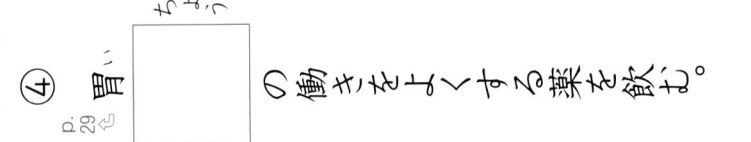

⑤ 荷物をロッカーに□（あず）ける。

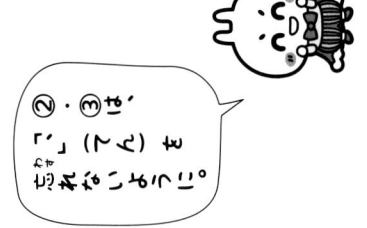

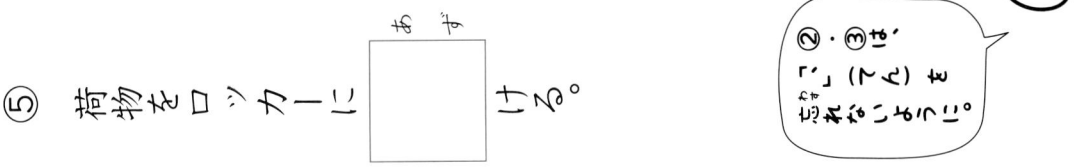

⑥ □□（よきん）の残高が増えていくのがうれしい。

⑦ 外は寒いので、ストーブで□（あたた）まってから帰る。

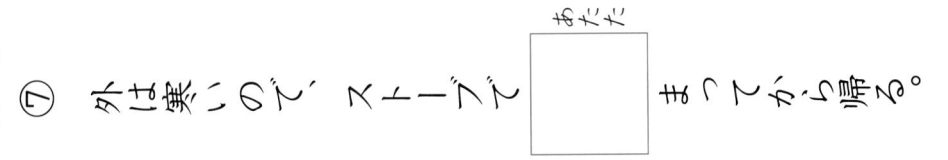

⑧ 人類にとって地球の□□□（おんだんか）は大問題である。

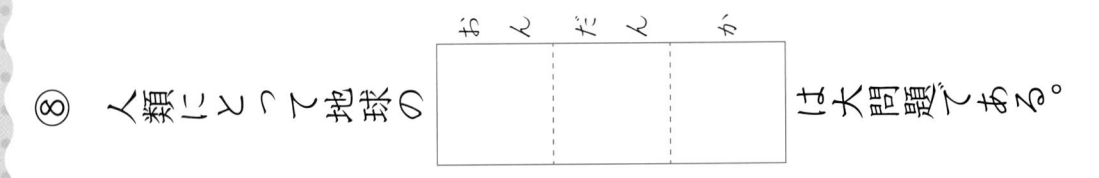

⑧の「おんだん」は、「あたたかい」という意味の漢字を二つ使います。書く順序に気をつけましょう。

37 きほんのドリル

13画 源・蒸・絹・傷・誠

月　日　目標時間 15分

名前

合格80点　/100点

書いて覚えよう！

源（はねる）　13画
- おん：ゲン
- くん：みなもと
- 言葉：電源（でんげん）　資源（しげん）　生命の源（せいめいのみなもと）
- 部首：氵（さんずい）

蒸（はねる）　13画
- おん：ジョウ
- くん：（むす）（むれる）（むらす）
- 言葉：蒸気（じょうき）　蒸発（じょうはつ）　水蒸気（すいじょうき）
- 部首：艹（くさかんむり）

絹（とめる）　13画
- おん：（ケン）
- くん：きぬ
- 言葉：絹織物（きぬおりもの）　絹糸（きぬいと）
- 部首：糸（いとへん）

傷（長く）　13画
- おん：ショウ
- くん：きず　（いたむ）（いためる）
- 言葉：負傷（ふしょう）　軽傷（けいしょう）　傷つく（きずつく）
- 部首：亻（にんべん）

誠（上にはねる）　13画
- おん：セイ
- くん：（まこと）
- 言葉：誠実（せいじつ）　誠心誠意（せいしんせいい）
- 部首：言（ごんべん）

1 読みがなを書いてから、なぞりなさい。　20点（一つ4）

①（　　）電源

②（　　）蒸気

③（　　）絹織物

④（　　）傷つく

⑤（　　）誠実

2 □にあてはまる漢字を書きなさい。

80点（一つ10）

① 昔から日本人はご飯がエネルギーの□（みなもと）だった。

② 地球上の□□（しげん）には限りがある。

③ この船は□□（じょうき）の力を利用して走る。

④ 熱せられて、なべの水が□□（じょうはつ）する。

⑤ 美しい□□□（きぬおりもの）が展示されている。 ☞p.47

⑥ 足が□（きず）ついた子犬の手当てをする。

⑦ ガスばく発で多くの□□（ふしょう）者が病院へ運ばれた。

⑧ あの人はとても□□（せいじつ）な人物だ。

⑤の「きぬ」の右側を「員」とするとまちがいだよ。

① 「みなもと」は「物事が始まるもと」の意味ですが、同じような意味をもつ同じ音の「原」としっかり区別しましょう。

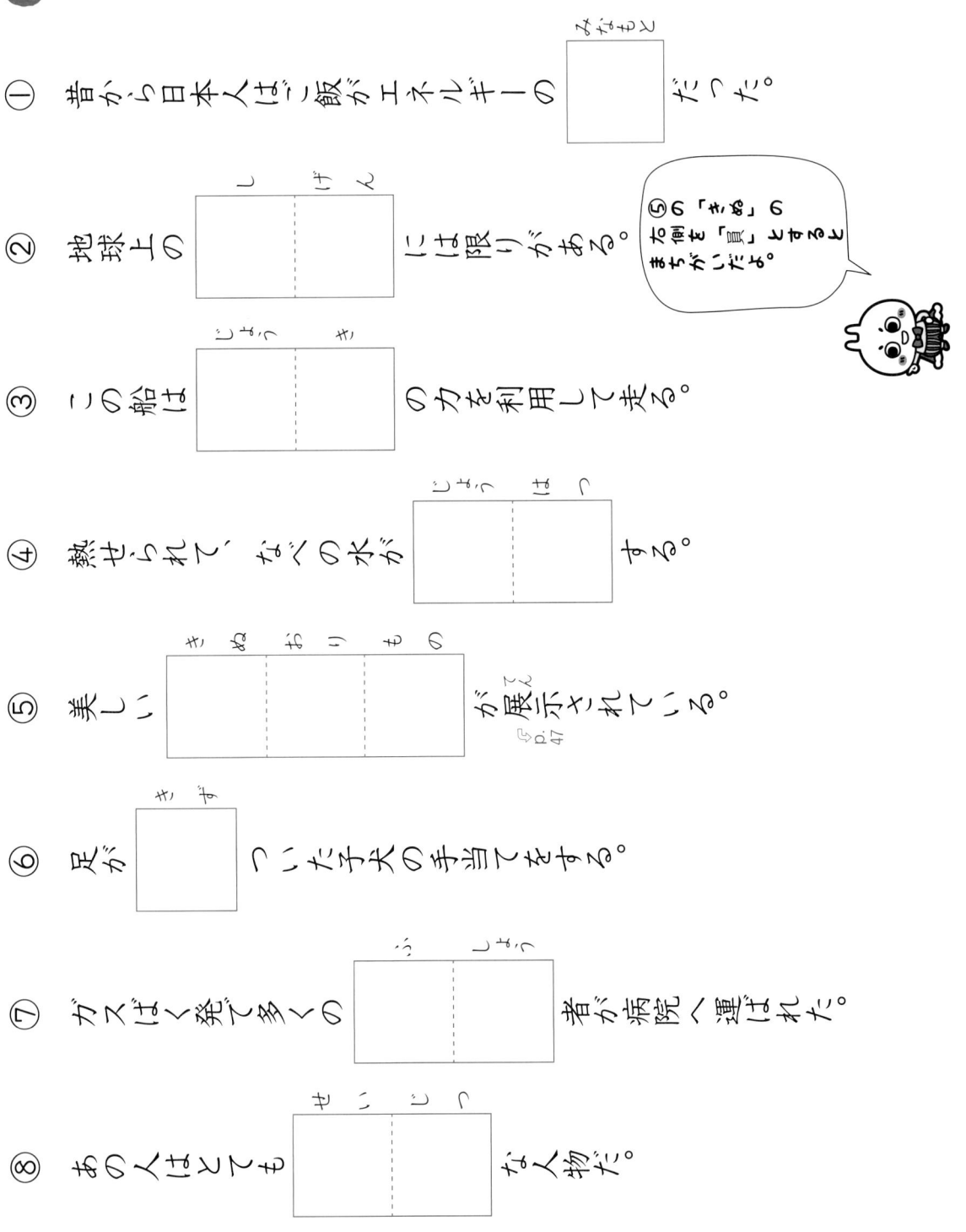

38 きほんのドリル

13画 賃・腹・聖・署・幕

名前　　月　日　目標時間 15分　合格80点　/100点

書いて覚えよう！

賃（13画）
長く
おん：チン
言葉：家賃（やちん）　電車賃（でんしゃちん）　賃金（ちんぎん）
部首：貝（かい・こがい）

腹（13画）
はねる
おん：フク　くん：はら
言葉：空腹（くうふく）　腹痛（ふくつう）　腹（はら）が立（た）つ
部首：月（にくづき）

聖（13画）
出ない
おん：セイ
言葉：聖火（せいか）　聖人（せいじん）　聖書（せいしょ）
部首：耳（みみ）

署（13画）
「四」にしない
おん：ショ
言葉：部署（ぶしょ）　警察署（けいさつしょ）　署名（しょめい）
部首：罒（あみがしら・あみめ）

幕（13画）
長く
おん：マク　バク
言葉：開幕（かいまく）　暗幕（あんまく）　幕府（ばくふ）　幕末（ばくまつ）
部首：巾（はば）

1 読みがなを書いてから、なぞりなさい。 20点（一つ4）

① 家賃（　　）
② 空腹（　　）
③ 聖火（　　）
④ 部署（　　）
⑤ 幕府（　　）

2 □にあてはまる漢字を書きなさい。

80点（一つ10）

① 今月からアパートの□□（やちん）が値（ね）上がりした。 ☞p.45

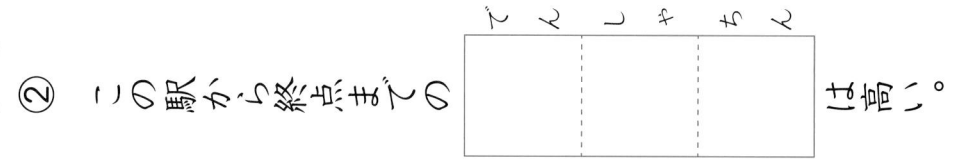

② この駅から終点までの□□□（でんしゃちん）は高い。

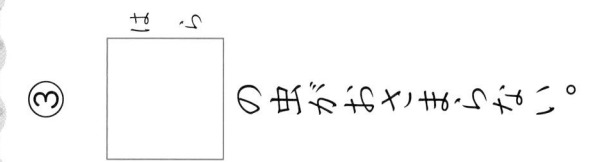

③ □（はら）の虫がおさまらない。

④ 薬局で□（ふく）痛（つう）に効く薬を買う。 ☞p.67

⑤ オリンピックの□□（せいか）ランナーが入場してきた。

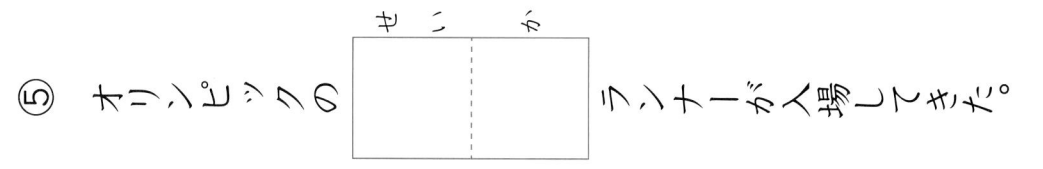

⑥ 駅前で□□（しょめい）活動が行われている。

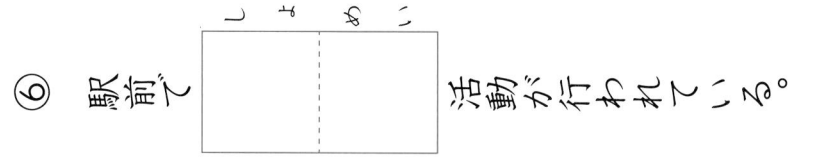

⑦ 全員が見つめる中で、しばいの□（まく）が開いた。

⑧ 江戸（えど）□□（ばくふ）の時代は、三百年近くも続いた。

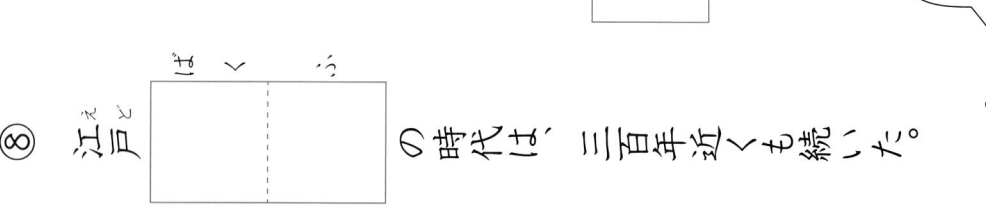

⑤の「せい」の五画目は、右につき出ないよ。
耳× → 耳○

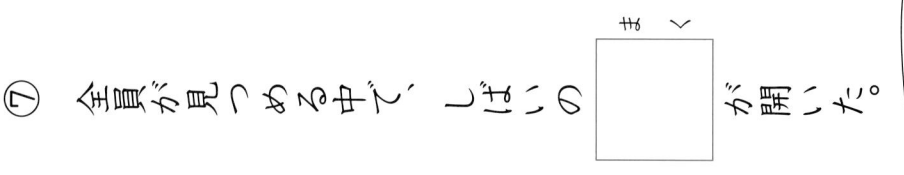

⑦「まく」・⑧「ばく」には、「墓」という似た字があるよ。

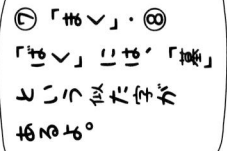

③「はらの虫がおさまらない」は、「はらが立って、がまんできない」という意味です。

39 まとめのテスト6

名前
月　日
目標時間 20分
合格80点
/100点

1 ――の漢字の読みがなを書きなさい。　48点（一つ4）

① 国際条約に大統領が<u>署名</u>する。（　　）

② <u>善悪</u>の心のむじゅんになやむ人物の物語を<u>創作</u>する。（　　）（　　）

③ <u>筋道</u>の立った説明をする。（　　）

④ <u>胃腸</u>にやさしい食事を心がける。（　　）

⑤ <u>負傷</u>した足がたいへん<u>痛</u>い。（　　）（　　）

⑥ この曲の<u>歌詞</u>が大好きだ。（　　）

⑦ <u>絹織物</u>の産地の中でも<u>暖</u>かい地方。（　　）（　　）

⑧ 競技場に<u>聖火</u>がともされた。（　　）

⑨ 子供の出る<u>幕</u>ではない。（　　）

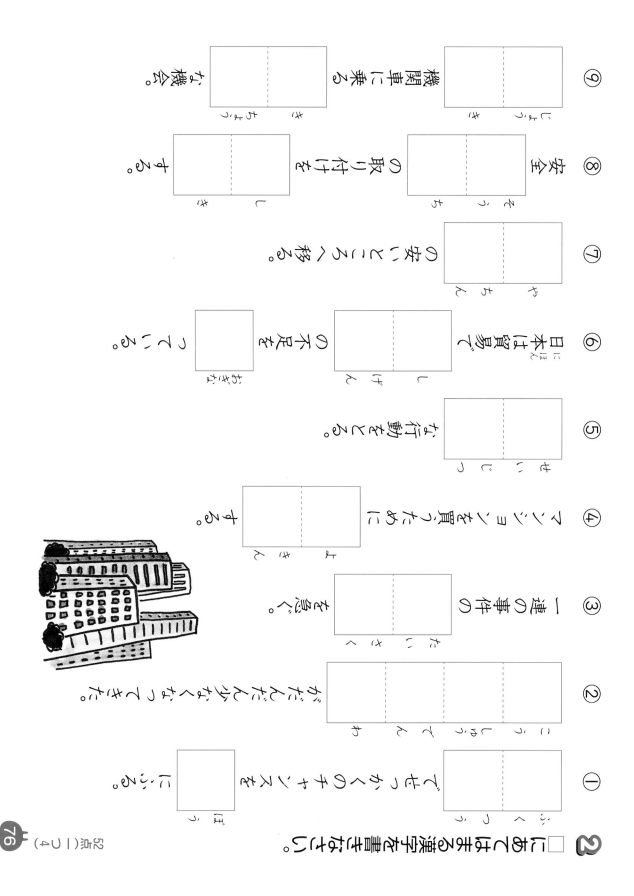

2 □にあてはまる漢字を書きなさい。

52点（一つ4）

① □□（ふくつう）でせっかくのチャンスを□（ぼう）にふる。

② □□□□（こうしゅうでんわ）がだんだん少なくなってきた。

③ 一連の事件の□□（たいさく）を急ぐ。

④ マンションを買うために□□（よきん）する。

⑤ □□（せいじつ）な行動をとる。

⑥ 日本（にほん）は貿易で□□（しげん）の不足を□（おぎな）っている。

⑦ □□（やちん）の安いところへ移る。

⑧ 安全□□（そうち）の取り付けを□□（しき）する。

⑨ □□（じょうき）機関車に乗る□□（きちょう）な機会。

40 きほんのドリル

13画・14画 盟・裏・銭・閣・磁

名前　　月　日
目標時間 15分
合格80点　　/100点

書いて覚えよう！

盟（13画）はねる
おん：メイ
言葉：加盟（かめい）　同盟（どうめい）　連盟（れんめい）
部首：皿（さら）

裏（13画）長く
おん：（リ）　くん：うら
言葉：駅の裏（えきのうら）　裏側（うらがわ）　裏腹（うらはら）
部首：衣（ころも）

銭（14画）わすれずに
おん：セン　くん：（ぜに）
言葉：銭湯（せんとう）　金銭（きんせん）　つり銭（つりせん）
部首：金（かねへん）

閣（14画）はねる
おん：カク
言葉：内閣（ないかく）　天守閣（てんしゅかく）　閣議（かくぎ）
部首：門（もんがまえ）

磁（14画）つける
おん：ジ
言葉：磁石（じしゃく）　磁器（じき）　電磁波（でんじは）
部首：石（いしへん）

1 読みがなを書いてから、なぞりなさい。 20点（一つ4）

① 加盟（　　）
② 裏側（　　）
③ 銭湯（　　）
④ 内閣（　　）
⑤ 磁石（　　）

2 □にあてはまる漢字を書きなさい。

80点（一つ10）

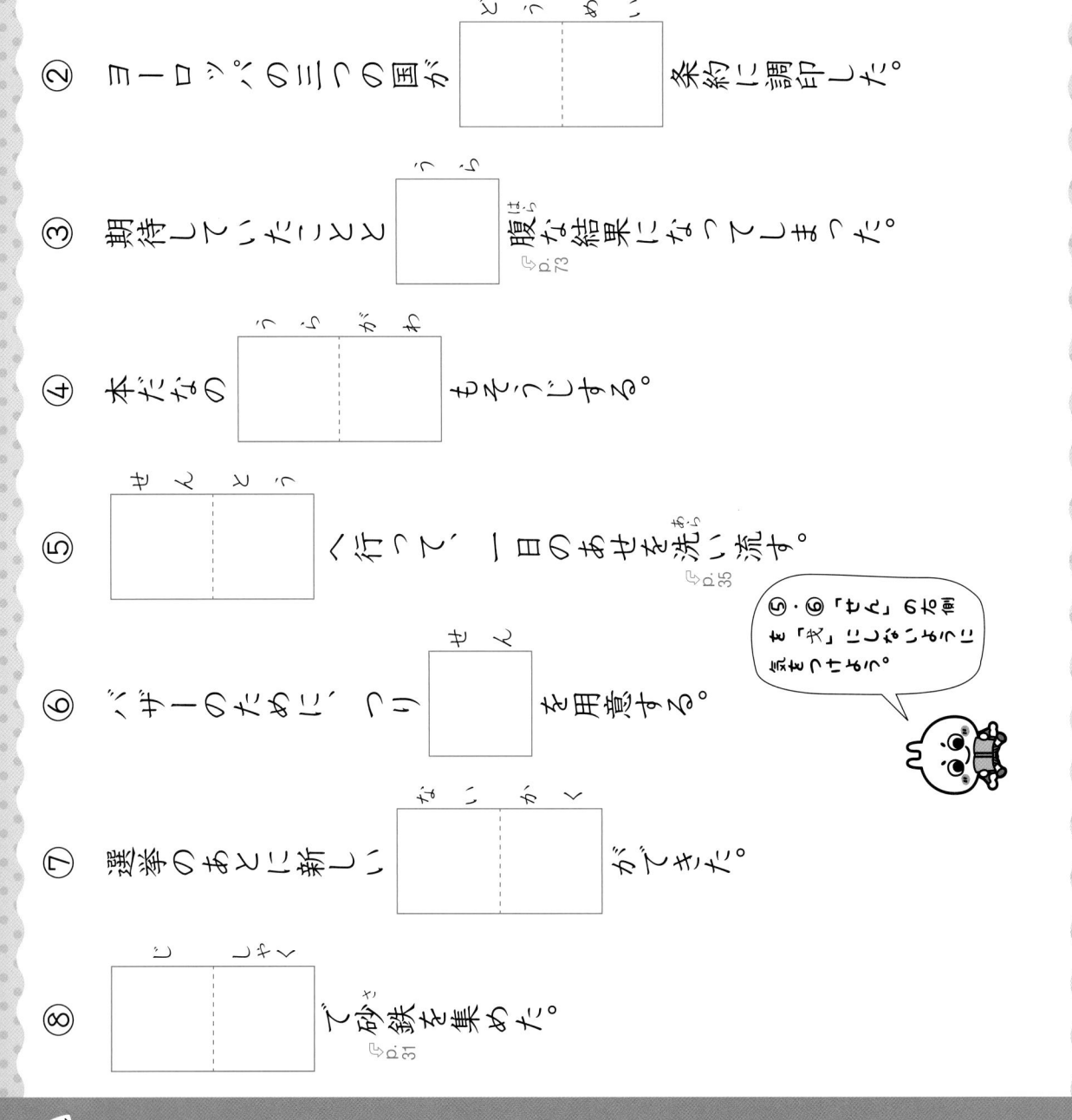

① 新しく［れんめい］に加わった団体のリストを作る。

② ヨーロッパの三つの国が［どうめい］条約に調印した。

③ 期待していたことと［うら］腹（はら）な結果になってしまった。 ☞p.73

④ 本だなの［うらがわ］をそうじする。

⑤ ［せんとう］へ行って、一日のあせを洗（あら）い流す。 ☞p.35

⑥ バザーのために、つり［せん］を用意する。

⑤・⑥「せん」の右側を「戈」にしないように気をつけよう。

⑦ 選挙のあとに新しい［ないかく］ができた。

⑧ ［じしゃく］で砂鉄（さ）を集めた。 ☞p.31

きほんのドリル 41

14画 障・層・暮・模・疑

名前	月　日	目標時間 15分
		合格80点　/100点

書いて覚えよう！

障（14画）　長く
- おん：ショウ
- くん：（さわる）
- 言葉：故障（こしょう）　保障（ほしょう）　障子（しょうじ）
- 部首：阝（こざとへん）

層（14画）　「ソ」としない
- おん：ソウ
- 言葉：地層（ちそう）　高層建築（こうそうけんちく）　階層（かいそう）
- 部首：尸（しかばね・かばね）

暮（14画）　長く
- おん：（ボ）
- くん：くれる　くらす
- 言葉：日（ひ）が暮（く）れる　暮（く）らし向（む）き
- 部首：日（ひ）

模（14画）　とめる
- おん：モ　ボ
- 言葉：模様（もよう）　模型（もけい）　規模（きぼ）
- 部首：木（きへん）

疑（14画）　上にはねる
- おん：ギ
- くん：うたがう
- 言葉：疑問（ぎもん）　質疑応答（しつぎおうとう）　人（ひと）を疑（うたが）う
- 部首：疋（ひき）

1 読みがなを書いてから、なぞりなさい。　20点（一つ4）

① 故障（　　　）

② 地層（　　　）

③ 暮れる（　　　）

④ 模様（　　　）

⑤ 疑問（　　　）

2 □にあてはまる漢字を書きなさい。

80点(一つ10)

① 電車の□□（こしょう）で学校におくれた。

② 戦場では生命の安全は、全く□□（ほしょう）されない。

③ 古い□□（ちそう）から貝の化石を見つけた。

④ 日が□（く）れたので、早く家に帰る。

⑤ 音楽コンクールの□□（もよう）を伝える。

⑥ 全国的な□□（きぼ）の体育大会に出場した。

⑦ よく考えないで人を□（うたが）ってはいけない。

⑧ 先生がていねいに□□（ぎもん）に答えてくれた。

③は「⺀」部分を、「ツ」としないで。

80

② 「ほしょう」には、同音で似たような意味をもつ「保証」があります。

42 きほんのドリル

14画・15画

誤・認・誌・穀・敵

月　日

目標時間 15分

名前

合格80点　/100点

書いて覚えよう！

誤（はなす）
- おん：ゴ
- くん：あやまる
- 言葉：誤解（ごかい）　誤差（ごさ）　書き誤る（かきあやまる）
- 部首：言（ごんべん）
- 14画

認（はねる）
- おん：（ニン）
- くん：みとめる
- 言葉：罪を認める（つみをみとめる）　価値を認める（かちをみとめる）
- 部首：言（ごんべん）
- 14画

誌（短く）
- おん：シ
- 言葉：雑誌（ざっし）　月刊誌（げっかんし）　学級日誌（がっきゅうにっし）
- 部首：言（ごんべん）
- 14画

穀（上にはねる）
- おん：コク
- 言葉：穀物（こくもつ）　穀類（こくるい）　穀倉地帯（こくそうちたい）
- 部首：禾（のぎへん）
- 14画

敵（はねる）
- おん：テキ
- くん：（かたき）
- 言葉：敵対（てきたい）　敵意（てきい）　強敵（きょうてき）
- 部首：攵（のぶん・ぼくづくり）
- 15画

1 読みがなを書いてから、なぞりなさい。

20点（一つ4）

① 誤る（　　）

② 認める（　　）

③ 雑誌（　　）

④ 穀物（　　）

⑤ 強敵（　　）

2 □にあてはまる漢字を書きなさい。

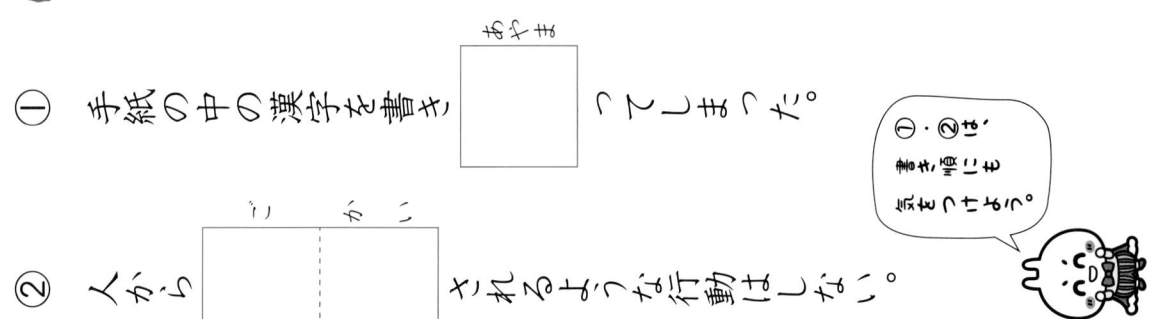

80点（一つ10）

① 手紙の中の漢字を書き□（あやま）ってしまった。

② 人から□□（ごかい）されるような行動はしない。

③ 自分の失敗は、すなおに□（みと）めなさい。

④ 兄は、毎月そのスポーツ□□（ざっし）を買っている。

⑤ ききんに備えて□□（こくもつ）をたくわえた。

⑥ アメリカの大平原には、豊かな□□（こくそう）地帯が広がる。

⑦ □□（てきたい）する二国の関係を修復する。

⑧ 優勝（ゆう）をはばむ□□（きょうてき）が現れた。

☞p.89

④「ざっし」の「し」は「紙」ではありません。まちがえやすいので注意しましょう。

43 きほんのドリル

15画

権・誕・論・遺・劇

月　日

目標時間 15分

名前

合格80点

/100点

書いて覚えよう！

権（長く）
- おん：ケン（ゴン）
- 言葉：権利（けんり）　権力（けんりょく）　自由民権運動（じゆうみんけんうんどう）
- 部首：木（きへん）
- 15画

誕（出る）
- おん：タン
- 言葉：誕生日（たんじょうび）　生誕（せいたん）
- 部首：言（ごんべん）
- 15画

論（はねる）
- おん：ロン
- 言葉：議論（ぎろん）　序論（じょろん）　結論（けつろん）
- 部首：言（ごんべん）
- 15画

遺（長く）
- おん：イ（ユイ）
- 言葉：遺作（いさく）　遺物（いぶつ）　世界遺産（せかいいさん）
- 部首：辶（しんにょう）
- 15画

劇（この形に注意）
- おん：ゲキ
- 言葉：劇場（げきじょう）　人形劇（にんぎょうげき）　演劇（えんげき）
- 部首：刂（りっとう）
- 15画

1 読みがなを書いてから、なぞりなさい。 20点（一つ4）

① 権利（　　　）

② 誕生日（　　　）

③ 議論（　　　）

④ 遺作（　　　）

⑤ 劇場（　　　）

80点（一つ10）

2 □にあてはまる漢字を書きなさい。

① すべての人には幸福を求める□□（けんり）がある。

② 昔、ヨーロッパの国王は絶大な□□（けんりょく）をもっていた。

③ □□□（たんじょうび）にすてきなプレゼントをもらった。

④ 急いで□□（けつろん）を出す必要はない。

⑤ 文化祭のプログラムについて全員で□□（ぎろん）した。

⑥ 石器（せっき）時代の□□（いぶつ）を調査する。

⑦ イタリアの□□（げきじょう）ですばらしいオペラを見た。

⑧ 中学生になったら□□（えんげき）のクラブに入るつもりだ。

画数が多いので、一画ずつきちんと書こうね。

⑥「いぶつ」は「昔のもので、現在も残っているもの」という意味です。同音の「異物（いぶつ）」と区別しましょう。

44 きほんのドリル

15画・16画
熟・潮・諸・蔵・糖

月	日	目標時間 15分
名前	合格80点	/100点

書いて覚えよう！

熟（15画）　上にはねる
- おん：ジュク
- くん：（うれる）
- 言葉：熟読（じゅくどく）　熟語（じゅくご）　実が熟す（みがじゅくす）
- 部首：灬（れんが・れっか）

潮（15画）　とめる
- おん：チョウ
- くん：しお
- 言葉：風潮（ふうちょう）　潮流（ちょうりゅう）　満ち潮（みちしお）
- 部首：氵（さんずい）

諸（15画）　長く
- おん：ショ
- 言葉：諸君（しょくん）　諸問題（しょもんだい）　諸国（しょこく）
- 部首：言（ごんべん）

蔵（15画）　わすれずに
- おん：ゾウ
- くん：（くら）
- 言葉：冷蔵庫（れいぞうこ）　蔵書（ぞうしょ）　貯蔵（ちょぞう）
- 部首：艹（くさかんむり）

糖（16画）　とめる
- おん：トウ
- 言葉：糖分（とうぶん）　砂糖（さとう）　黒糖（こくとう）
- 部首：米（こめへん）

1 読みがなを書いてから、なぞりなさい。
20点（一つ4）

① 熟読（　　）
② 風潮（　　）
③ 諸君（　　）
④ 冷蔵庫（　　）
⑤ 糖分（　　）

80点（一つ10）

2 □にあてはまる漢字を書きなさい。

① 国語の先生に□□（じゅくご）の成り立ちを教えてもらう。

② 小説を何回も□□（じゅくどく）してから感想文を書いた。

③ □（しお）の流れが速いので、ボートが港の外まで流された。

④ 物をそまつにする□□（ふうちょう）がある。

⑤ 世界の人口に関する□□□（しょもんだい）を話し合う。

⑥ □□□（れいぞうこ）に肉や野菜などの食品が入っている。

⑦ 収納（しゅうのう）庫に食料品を□□（ちょぞう）した。

⑧ 塩と砂（さ）□（とう）で料理の味つけをした。 p.31⇦

③「しお」は、「水」と「あさ」とを合わせた文字です。日がのぼるころに満ちてくる「あさしお」の意味です。音読みは「あさ」と同じですが、しっかり区別しましょう。

45 きほんのドリル

16画 激・樹・奮・憲・鋼

名前　　月　日　　目標時間 15分　　合格80点　　/100点

書いて覚えよう！

激（はねる）
おん：ゲキ　くん：はげしい
言葉：感激（かんげき）　激痛（げきつう）　激しい雨（はげしいあめ）
部首：氵（さんずい）
16画

樹（はねる）
おん：ジュ
言葉：樹木（じゅもく）　樹林（じゅりん）　樹液（じゅえき）
部首：木（きへん）
16画

奮（少し横長に）
おん：フン　くん：ふるう
言葉：興奮（こうふん）　奮起（ふんき）　勇気を奮う（ゆうきをふるう）
部首：大（だい）
16画

憲（「王」ではない）
おん：ケン
言葉：憲法（けんぽう）　憲章（けんしょう）　憲兵（けんぺい）
部首：心（こころ）
16画

鋼（はねる）
おん：コウ　くん：（はがね）
言葉：鉄鋼（てっこう）　鋼材（こうざい）　鋼鉄製（こうてつせい）
部首：金（かねへん）
16画

1 読みがなを書いてから、なぞりなさい。

20点（一つ4）

① 激しい（　　）
② 樹木（　　）
③ 興奮（　　）
④ 憲法（　　）
⑤ 鉄鋼（　　）

80点（一つ10）

2 □にあてはまる漢字を書きなさい。

① 台風が近づき、□（はげ）しい雨が降(ふ)ってきた。☞p.41

② すばらしい映(えい)画だったので□□（かんげき）のなみだを流した。☞p.31

③ 道路に沿(そ)って桜の□□（じゅもく）が植えられている。☞p.21

④ 勇気を□（ふる）ってジェットコースターに乗った。

⑤ サッカーの試合で日本(にほん)が勝ったので□□（こうふん）した。

⑥ 五月三日は□□（けんぽう）記念日だ。

⑦ 船や車両には多くの□□（てっこう）が使われている。

⑧ ビルの建設現場に□□（こうざい）を運びこむ。

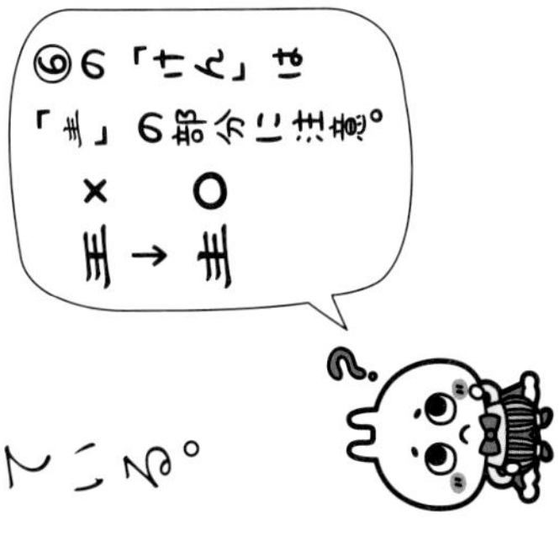

ここでは十六画の漢字が出題されています。画数が多いので注意して書きましょう。

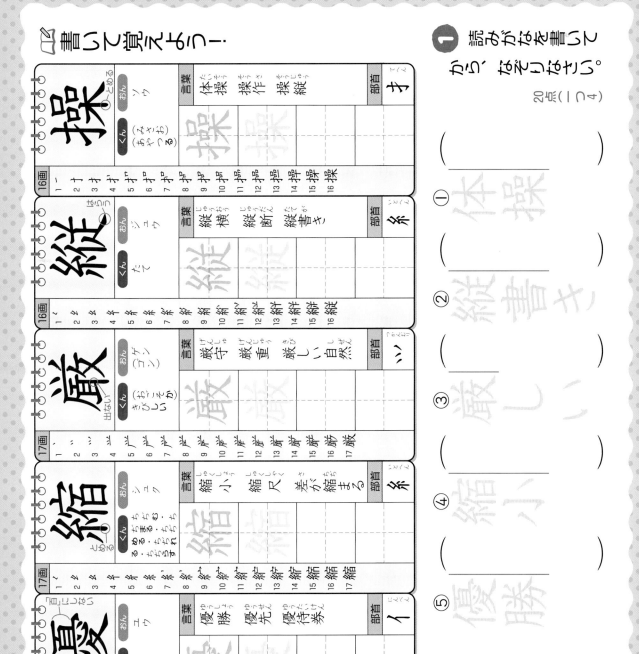

46 きほんのドリル

16画・17画

操・縦・厳・縮・優

名前　月　日　目標時間 15分　合格80点　/100点

書いて覚えよう！

操（16画）
- とめる
- おん：ソウ
- くん：（みさお）（あやつる）
- 言葉：体操（たいそう）　操作（そうさ）　操縦（そうじゅう）
- 部首：扌（てへん）

縦（16画）
- はらう
- おん：ジュウ
- くん：たて
- 言葉：縦横（じゅうおう）　縦断（じゅうだん）　縦書き（たてがき）
- 部首：糸（いとへん）

厳（17画）
- 出ない
- おん：ゲン（ゴン）
- くん：（おごそか）きびしい
- 言葉：厳守（げんしゅ）　厳重（げんじゅう）　厳しい自然（きびしいしぜん）
- 部首：⺍（つかんむり）

縮（17画）
- とめる
- おん：シュク
- くん：ちぢむ・ちぢまる・ちぢめる・ちぢれる・ちぢらす
- 言葉：縮小（しゅくしょう）　縮尺（しゅくしゃく）　差が縮まる（さがちぢまる）
- 部首：糸（いとへん）

優（17画）
- 「百」にしない
- おん：ユウ
- くん：（やさしい）（すぐれる）
- 言葉：優勝（ゆうしょう）　優先（ゆうせん）　優待券（ゆうたいけん）
- 部首：亻（にんべん）

1 読みがなを書いてから、なぞりなさい。 20点（一つ4）

①体操（　　　）

②縦書き（　　　）

③厳しい（　　　）

④縮小（　　　）

⑤優勝（　　　）

2 □にあてはまる漢字を書きなさい。

① クレーンを□□（そうさ）して大きな荷物をつり上げる。

② 遠足の感想文は□（たて）書きにする。

③ パリでは地下鉄が□□（じゅうおう）に走っている。

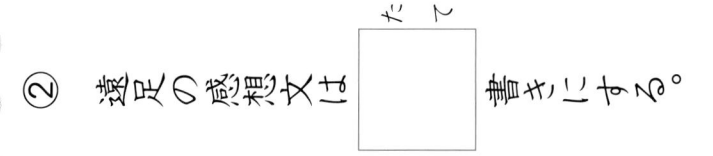

④ □（きび）しい自然の中に生きる野生の生物。

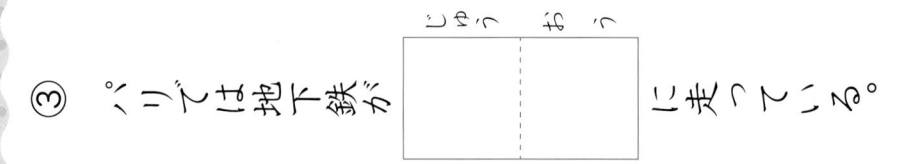

⑤ 集合時間は□□（げんしゅ）しなければならない。

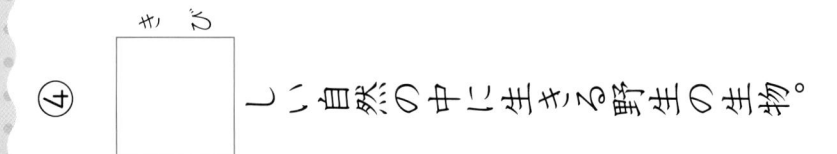

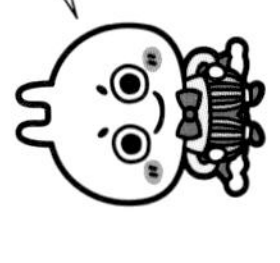

⑥ マラソンの一位と二位の差が□（ちぢ）まってきた。

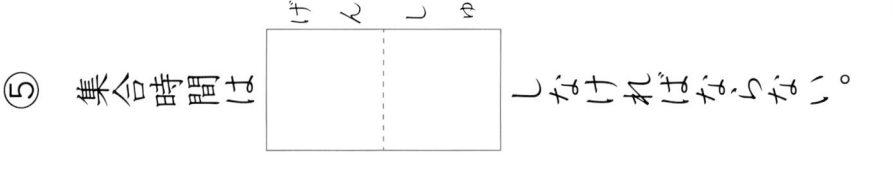

⑦ この地図を□□（しゅくしょう）コピーする。

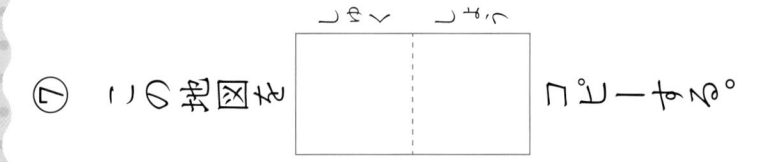

⑧ スキーの全国大会で□□（ゆうしょう）した。

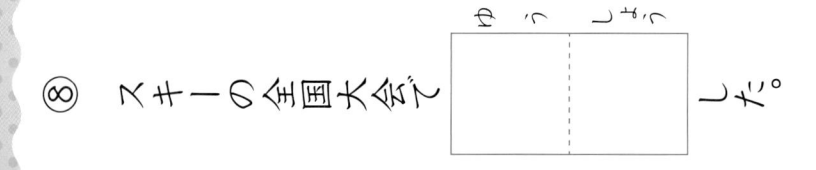

⑦の「しゅくしょう」は、「ちいさくすること」という意味から考えましょう。

47 きほんのドリル

17画・18画・19画

覧・簡・難・臨・警・臓

名前　月　日　目標時間15分　合格80点　/100点

書いて覚えよう！

覧（17画）上にはねる
おん：ラン
言葉：回覧（かいらん）　展覧会（てんらんかい）　一覧表（いちらんひょう）
部首：見（みる）

簡（18画）とめる
おん：カン
言葉：簡単（かんたん）　簡潔（かんけつ）　簡易版（かんいばん）
部首：⺮（たけかんむり）

難（18画）とめる
おん：ナン
くん：(かたい)　むずかしい
言葉：災難（さいなん）　困難（こんなん）　解決が難しい（かいけつがむずかしい）
部首：隹（ふるとり）

臨（18画）「口」の大きさ注意
おん：リン
くん：(のぞむ)
言葉：臨時列車（りんじれっしゃ）　臨機応変（りんきおうへん）　臨海（りんかい）
部首：臣（しん）

警（19画）十分に長く
おん：ケイ
言葉：警官（けいかん）　警察署（けいさつしょ）　警報（けいほう）
部首：言（げん）

臓（19画）上にはねる
おん：ゾウ
言葉：心臓（しんぞう）　内臓（ないぞう）　臓器（ぞうき）
部首：月（にくづき）

1 読みがなを書いてから、なぞりなさい。

36点（一つ6）

① 回覧（　　）

② 簡単（　　）

③ 難しい（　　）

④ 臨時（　　）

⑤ 警官（　　）

⑥ 心臓（　　）

64点（1つ8）

2 □にあてはまる漢字を書きなさい。

① 夏休みにかいた絵を展□（らん）会に出品した。 ⇨p.47

② この機械のしくみは□□（かんたん）でわかりやすい。

③ この試験の問題は□（むずか）しくて解くことができない。

④ 思わぬ□□（さいなん）にあってしまった。

⑤ □□（りんじ）列車に乗って修学旅行に出発した。

⑥ どんな事態にも□（りん）機応変に対処（しょ）する。 ☞p.9

⑦ □□（けいかん）が町をパトロールしているので安心だ。

⑧ 病院で□□（しんぞう）の検査をした。

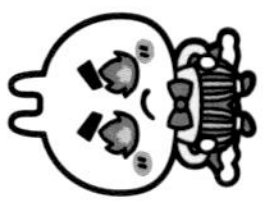
きほんのドリルは
今回が最後。
あとはまとめと
仕上げだけだね。
よくがんばったね。

②六年生で学習する「かん」という音をもつ漢字には、ほかに「干」（5ページ）、「巻」（31ページ）、「看」（35ページ）があります。

48 まとめのテスト7

名前　月　日　目標時間20分　合格80点　/100点

1 ――の漢字の読みがなを書きなさい。　48点（一つ4）

① 時間厳守（　）でお願いする。

② 古代の遺物（　）が発見されたニュースに興奮（　）した。

③ 鉄鋼（　）の生産量。

④ この機械を操作（　）するのは簡単（　）だ。

⑤ 交番の警官（　）に道を教えてもらった。

⑥ その演劇（　）に多くの人が感激（　）した。

⑦ あなたの誕生日（　）を祝う。

⑧ 休日に臨時（　）バスが増発される。

⑨ 砂糖（　）はあまい。

2 □にあてはまる漢字を書きなさい。

52点（一つ4）

① □□（ざっし）の記事について□□（ぎろん）した。

② □□（ぎもん）を一つ一つ解決していく。

③ □□（ごかい）をとくのは□（むずか）しい。

④ 倉庫の中に□□（こくもつ）を□□（ちょぞう）する。

⑤ 公園に□□（じゅもく）を植える。

⑥ 他人の□□（けんり）も□（みと）める。

⑦ 家族で絵の□□（てんらん）会を見に行った。

⑧ 兄は高校野球の県大会で□□（ゆうしょう）した。

⑨ □□□（しょもんだい）について考える。

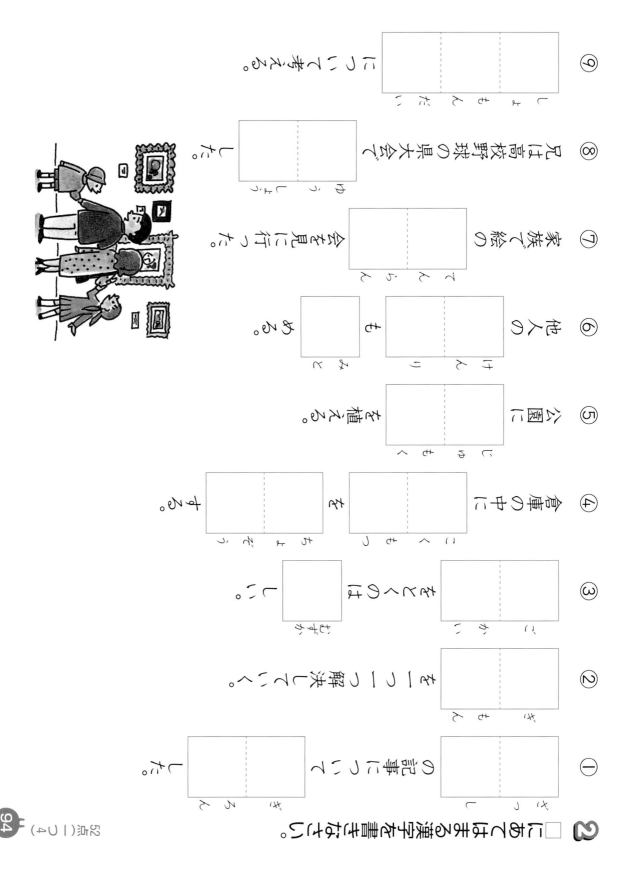

49 仕上げのテスト1

名前
月　日
目標時間 15分
合格80点
/100点

1 次の──線の漢字の読みがなを書きなさい。　28点（一つ2）

① 幼い妹。（　　）
　幼児と遊ぶ。（　　）

② 日の出を拝む。（　　）
　作品を拝見します。（　　）

③ 背中がかゆい。（　　）
　背比べ（　　）
　事件の背景。（　　）

④ 毛糸を巻く。（　　）
　とらの巻を見る。（　　）
　巻末付録（　　）

⑤ あらを探す。（　　）
　探てい業（　　）

⑥ 先生を敬う。（　　）
　敬語を使う。（　　）

2 次の上と下の──線の熟語は同じ読み方をします。□の中に入る漢字を書きなさい。　15点（一つ3）

① 意志を強くもつ。──なくなった父の□志をつぐ。
② 事態を重く見る。──出場を辞□する。
③ 景観をそこねる。──将来は□官になりたい。
④ 先生の意向を聞く。──夜十時以□は起きていてはいけない。
⑤ 学説に忠実な正統派。──特定の政□を支持する。

①□　②□　③□　④□　⑤□

3 次の各組の漢字の音読みで、一つだけちがう読み方の漢字があります。その漢字を下の□にぬき出しなさい。また、その漢字を用いて、熟語を一つ（　）に書きなさい。 30点（一つ3）

① 后　紅　皇　己　鋼

② 砂　至　姿　詞　誌

③ 窓　創　層　奏　沿

④ 収　宗　従　衆　就

⑤ 費　否　磁　批　秘

①□（　　）　②□（　　）　③□（　　）　④□（　　）　⑤□（　　）

4 次の言葉を漢字と送りがなで書きなさい。 27点（一つ3）

① すてる　② あずける　③ あぶない

④ あたためる　⑤ はげしい　⑥ みとめる

⑦ みだす　⑧ とじる　⑨ いただく

①（　　）　②（　　）　③（　　）

④（　　）　⑤（　　）　⑥（　　）

⑦（　　）　⑧（　　）　⑨（　　）

50 仕上げのテスト2

名前
月　日
目標時間 15分
合格80点
/100点

1 □の中の漢字を組み合わせて二字の熟語を作りなさい。ただし、同じ漢字を二回使ってはいけません。

24点（一つ4）

①（　　）②（　　）③（　　）
④（　　）⑤（　　）⑥（　　）

宙　反　足　腸　模　断　射　胃　縦　様　補　宇

2 次の言葉の読みがなを（　）に書きなさい。また、反対語（対義語）を下の□の漢字を組み合わせて作り、〔　〕に書きなさい。

30点（それぞれ完答で、一つ5）

（例）成功（せいこう）・〔失敗〕
① 権利（　　）・〔　　〕
② 危険（　　）・〔　　〕
③ 拡大（　　）・〔　　〕
④ 単純（　　）・〔　　〕
⑤ 否決（　　）・〔　　〕
⑥ 善人（　　）・〔　　〕

小　決　安　複　人　可　（失）
悪　義　雑　全　務　縮　（敗）

3 それぞれの意味になるように、次の①～⑤の□に漢字を書き、四字熟語を完成させなさい。

30点（それぞれ完答で、一つ6）

① 半信□□ → なかば信じ、なかばうたがうこと。

② □小□大 → 小さなことを、大きくふくらませて言うこと。

③ □□応変 → 場や様子などの変化に応じて、適切な対応をとること。

④ □□同音 → みんなが口をそろえて同じことを言うこと。

⑤ 私利□□ → 自分だけ得をすれば、他人は損をしてもかまわないという気持ち。

4 次の漢字の←で示した画は、筆順では何画目に書きますか。□に、その順番を算用数字で書きなさい。

16点（一つ4）

① 我 □

② 密 □

③ 段 □

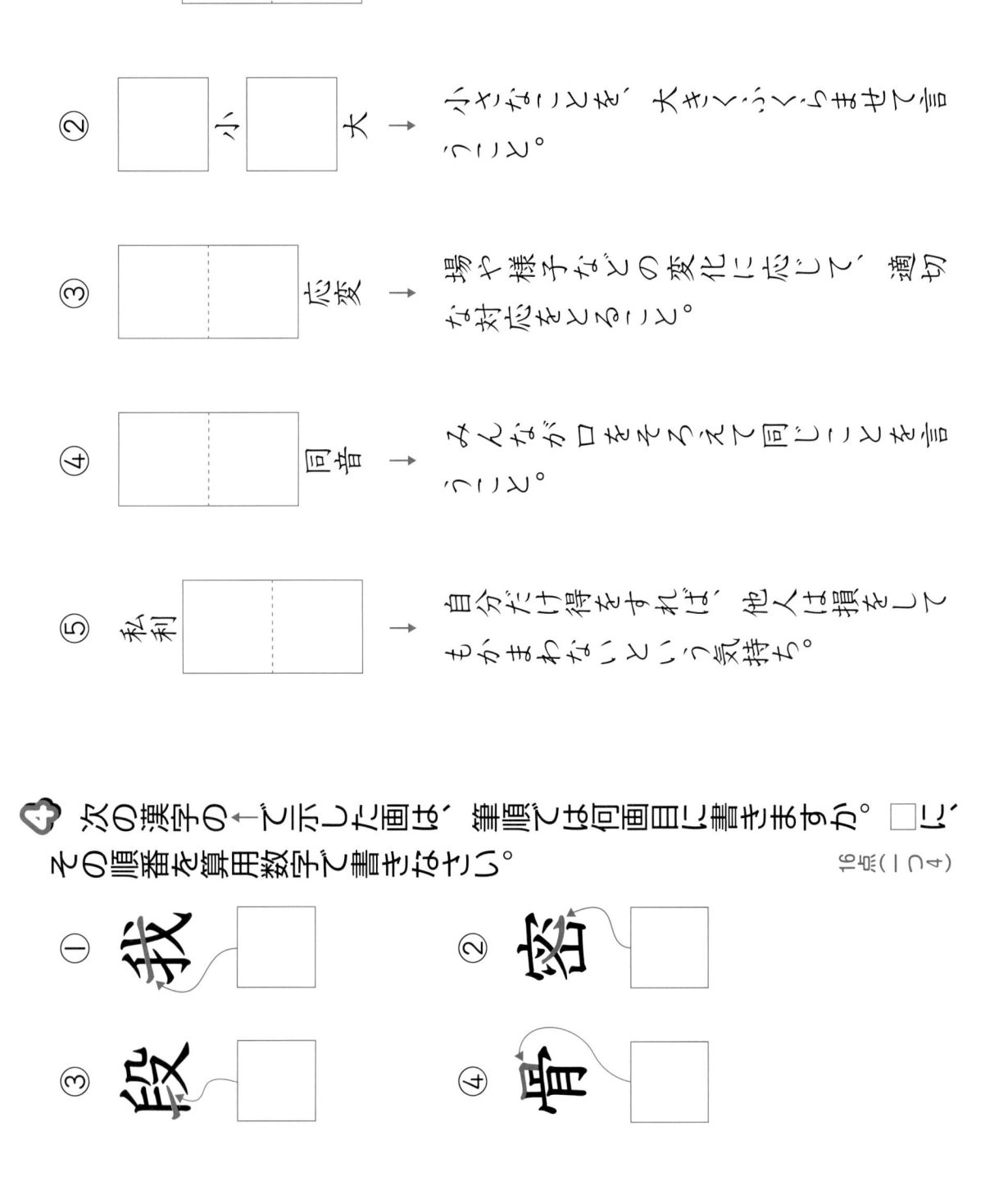

④ 骨 □

51 仕上げのテスト3

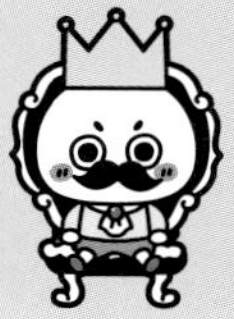

名前　　月　日　目標時間15分　合格80点　/100点

1 次の①～⑨の読みを（　）にひらがなで書きなさい。また、それぞれの読み方は、ア～エのどれにあたりますか。〔　〕に記号で答えなさい。　36点（一つ2）

ア　音読み＋音読み　　イ　音読み＋訓読み
ウ　訓読み＋音読み　　エ　訓読み＋訓読み

①　株式（　　）〔　　〕　　②　裏側（　　）〔　　〕
③　若葉（　　）〔　　〕　　④　加盟（　　）〔　　〕
⑤　家賃（　　）〔　　〕　　⑥　灰色（　　）〔　　〕
⑦　役割（　　）〔　　〕　　⑧　内閣（　　）〔　　〕
⑨　故郷（　　）〔　　〕

2 次の言葉の読み方として正しいものを選び、記号で答えなさい。　20点（一つ4）

①　厳しい（ア　けわしい　イ　きびしい　ウ　はげしい）
②　痛める（ア　つとめる　イ　おさめる　ウ　いためる）
③　忘れる（ア　わすれる　イ　みだれる　ウ　むれる）
④　洗う（ア　したがう　イ　あらう　ウ　おぎなう）
⑤　並べる（ア　しらべる　イ　のべる　ウ　ならべる）

①（　　）②（　　）③（　　）④（　　）⑤（　　）

3 打ち消しの意味をもつ漢字「不・無・未・非」のあとに続けられる言葉を、あとの［ ］の中の――線から選び、漢字に直して書きなさい。 32点（一つ4）

① 不［ ］［ ］　不［ ］［ ］
② 無［ ］［ ］　無［ ］［ ］
③ 未［ ］［ ］　未［ ］［ ］
④ 非［ ］［ ］　非［ ］［ ］

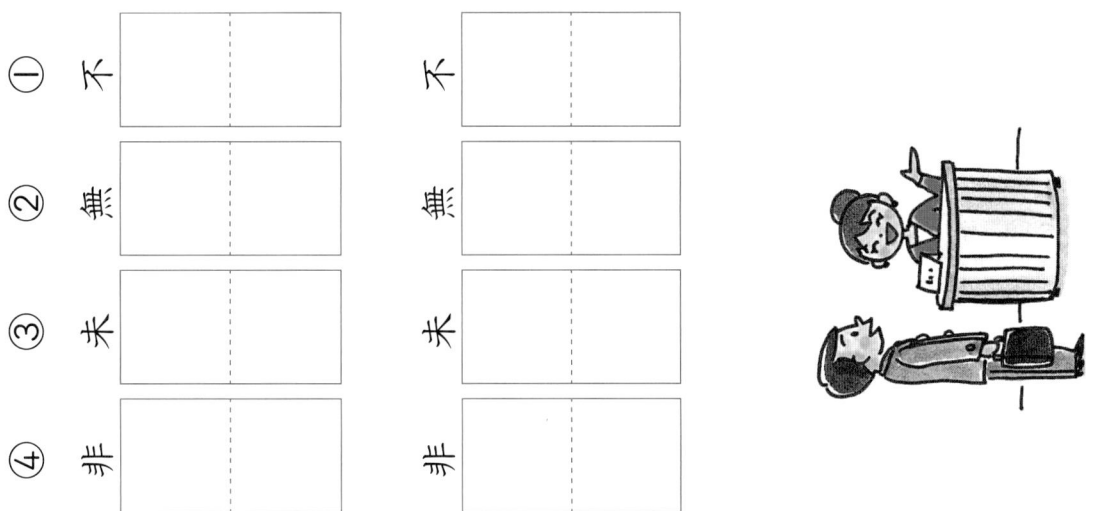

- じょうきんで働く。
- ひはんだけするのは簡単だ。
- 果実がせいじゅくする。
- ぶそうを解除する。
- せいじつに応対する。
- 性格は実にめいろうだ。
- 会議でけんとうする。
- 読むかちのある本。

4 次の音読みと訓読みをもつ漢字を□に書きなさい。（――線は送りがなを表します。） 12点（一つ3）

① キュウ・すう［ ］
② ゴ・あやまる［ ］
③ フン・ふるう［ ］
④ キョウ・むね［ ］

52 仕上げのテスト4 六年間で習った漢字 (1)

名前　月　日　目標時間15分　合格80点　/100点

1 同じ訓読みをもつ漢字を、それぞれ□に書きなさい。 60点(一つ4)

① うつる
- 鏡に□る。
- しゃ真に□る。

② そなえる
- 戦いに□える。
- 仏前に□える。

③ おさめる
- 税金を□める。
- 国を□める。
- 成功を□める。
- 学問を□める。

④ たつ
- 席を□つ。
- ビルが□つ。
- 消息を□つ。

⑤ すむ
- 仕事が□む。
- 町中に□む。

⑥ しお
- □からい料理。
- 海の□の流れ。

2 字形が似ていてまぎらわしい漢字に気をつけて、□に漢字を書きなさい。

30点（一つ3）

①
- □□（かいまく）の試合。
- 日が□（く）れる。
- 寺の裏の□□（ぼち）。

②
- □□（ふくつう）で苦しい。
- 分数計算の□□（ふくしゅう）。
- □□（ふくざつ）な事情。

③
- □（むね）のこ動が激しい。
- □（のう）の働きを研究する。

④
- □□（こんなん）な仕事。
- □□（げんいん）を調べる。

3 次の漢字の総画数を算用数字で書きなさい。

10点（一つ5）

① 劇（　　画）

② 飛（　　画）

53 仕上げのテスト5 六年間で習った漢字 (2)

名前　月　日　目標時間15分　合格80点　/100点

1 次の——線を漢字に直すにはどの漢字が適切ですか。それぞれ、正しい漢字を○で囲みなさい。 30点(それぞれ完答で、一つ6)

① オーケストラをしきする。
② 政治のしくみをかいかくする。
③ かんけつにまとめる。
④ 自転車がこしょうした。
⑤ 大きくこきゅうする。

し (支・指・司・使・志)
き (旗・規・気・揮・起)
かい (会・改・快・解・階)
かく (革・格・覚・角・確)
かん (慣・完・管・刊・簡)
けつ (血・潔・欠・結・決)
こ (己・戸・個・故・固)
しょう (象・承・傷・将・障)
こ (呼・古・庫・湖・故)
きゅう (久・旧・求・給・吸)

2 次の①②の熟語の組み立てにあたるものを、あとの□の中からそれぞれ二つずつ選び、(　)に書きなさい。 20点(一つ5)

① 同じような意味の漢字を重ねたもの。 (　・　)
② 上の字が下の字の様子や状態を説明しているもの。 (　・　)

生死　自己　増減　強敵　借家　存在　銭湯

3 次の各文中の漢字に誤りが一字ずつあります。誤りの漢字→正しい漢字の順に□に書きなさい。

30点（それぞれ完答で、一つ6）

① この本の署者は、前に有名な文学賞を受けたことがある。

□→□

② 「親考行、したいときには親はなし」ということわざがある。

□→□

③ 原因をはっきりつかむために、専問の技術者に調査をたのむ。

□→□

④ 愛太のポチがいなくなったので、家族みんなで、町内を探しまわった。

□→□

⑤ 議輪がさかんにかわされたが、最後まで意見のちがいが残ったままだった。

□→□

4 次の漢字の筆順で正しいほうに○をつけなさい。

10点（一つ5）

① 延

ア（　）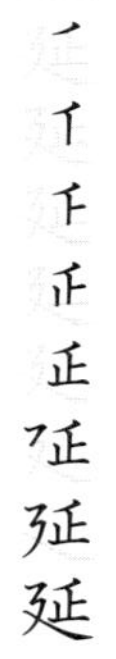

イ（　）

② 衆

ア（　）

イ（　）

5 次の漢字の▢の部分には共通の部首が入ります。その部首の形を□に書き、（　）に部首名を答えなさい。

10点（一つ5）

▢氏　▢市　▢蔵　▢巴　▢凶　▢易

□

（　）

答え

6年の漢字

1 きほんのドリル　P.2

1 ①えいきゅう　②きょか　③ぼうはん　④かせつ　⑤こころよ　⑥に　⑦ていりゅうじょ　⑧やさ　⑨こうか

2 ①比　②分布　③朝刊　④再　⑤責任　⑥災害　⑦余計　⑧往復

2 きほんのドリル　P.3

1 ①とくい　②こ　③あつ　④せいぞう　⑤かっこう　⑥たがや　⑦じょうけん　⑧きじゅん　⑨きそく

2 ①招待状　②逆転　③事故　④独　⑤迷　⑥財産　⑦素材　⑧内容

おうちの方へ

2 ④「独り」は「ひとりぼっち」の意味で使います。人数をいうときは「一人」です。

3 きほんのドリル　P.4

1 ①ぎじゅつ　②つと　③はか　④ほうふ　⑤そな　⑥じょうほう　⑦はそん　⑧こんざつ　⑨かんしゃ

2 ①貸　②断　③保護　④減少　⑤過　⑥罪　⑦解　⑧慣

4 きほんのドリル　P.5～6

1 ①ほ　②じこ　③すんぽう　④しぼう　⑤しゃくはち

2 ①干　②干　③自己　④利己　⑤寸法　⑥寸前　⑦未亡人　⑧尺

おうちの方へ

2 ④「利己的」は、「己」（自分）に利益をあたえる」、自分中心な態度の意味です。

5 きほんのドリル　P.7～8

1 ①おさ　②じんじゅつ　③かたづ　④あな　⑤いっさつ

2 ①収　②回収　③収集　④仁術　⑤仁義　⑥片付　⑦穴　⑧五冊

おうちの方へ

1 ②「仁術」は、「中国の儒教の根本の徳である「仁」（人としての思いやり）をほどこす方法」のことです。ふつう、「医は仁術」という形で使われます。

2 ⑤「仁義」は、「人として行わなければならない基本的なこと」を意味します。

6 きほんのドリル　P.9～10

1 ①しょぶん　②けんちょう　③おさな　④したう　⑤うちゅう

2 ①処分　②処理　③県庁　④市庁舎　⑤幼　⑥幼児　⑦舌打　⑧宇

おうちの方へ

2 ⑥「幼児」は、同じ読みの「用事」と書きまちがえないようにしましょう。

7 きほんのドリル　P.11～12

1 ①はいいろ　②つくえ　③あぶ　④きゅういん　⑤しきゅう

2 ①灰色　②机　③危　④危険　⑤吸　⑥吸　⑦至　⑧至急

8 きほんのドリル　P.13～14

1 ①こうごう　②じたく　③そんざい　④われわれ　⑤ぎんがけい

2 ①后 ②自宅 ③住宅地 ④存在 ⑤保存 ⑥我々 ⑦我 ⑧銀河系

おうちの方へ

2 ⑥「々」は同じ漢字をくり返す記号です。「我我（われわれ）」と書いてもまちがいではありませんが、「我々」とするのがふつうです。

9 まとめのテスト1 P.15〜16

1 ①きゅうしゅう・した ②いた ③じんじゅつ ④ごう ⑤けんちょう ⑥じゃく・すんぽう ⑦しぼう ⑧おさな・う ⑨かたづ

2 ①吸 ②自宅・干 ③保存 ④我々・危険 ⑤銀河系 ⑥穴・処分 ⑦灰色 ⑧机・五冊 ⑨自己

おうちの方へ

1 ⑨「かたづく」のかなづかいに気を付けましょう。「ず」ではありません。

2 ③「存」と形の似た「在」とを区別しましょう。⑥「穴」の「八」の部分を「六」と書かないようにします。⑨「事故」と「自己（じこ）」という二つが考えられます。区別しましょう。

10 きほんのドリル P.17〜18

1 ①おやこうこう ②こま ③わたくし ④ひてい ⑤ひひょう

2 ①孝行 ②困 ③困 ④私 ⑤私鉄 ⑥否定 ⑦批評 ⑧批判

11 きほんのドリル P.19〜20

1 ①わす ②みだ ③たまご ④りょけん ⑤しょうち

2 ①忘 ②乱 ③乱暴 ④卵 ⑤券売機 ⑥入場券 ⑦承知 ⑧伝承

12 きほんのドリル P.21〜22

1 ①えんがん ②ていきょう ③わかもの ④かくだい ⑤たんとう

2 ①川沿 ②沿岸 ③供 ④子供 ⑤提供 ⑥若者 ⑦拡大 ⑧担当

13 きほんのドリル P.23〜24

1 ①おが ②よ ③きざ ④しゅうきょう ⑤うちゅう

2 ①拝 ②拝見 ③呼 ④呼 ⑤刻 ⑥深刻 ⑦宗教 ⑧宙飛行士

おうちの方へ

2 ②「拝見（はいけん）」はけんじょう語です。自分が相手のものを見るときに、へりくだっていう表現です。

14 きほんのドリル P.25〜26

1 ①たからもの（ほうもつ） ②ちゅうこく ③た ④とど ⑤ちち

2 ①宝 ②宝石 ③忠実 ④垂 ⑤垂直 ⑥届 ⑦乳 ⑧牛乳

おうちの方へ

2 ⑤ここでいう「垂直（すいちょく）」とは、水平線や地平線に対して直角になっていることです。

15 まとめのテスト2 P.27〜28

1 ①かわぞ・すいちょく ②ひてい ③ぎゅうにゅう ④たまご・とど ⑤こうこう ⑥こん・たんとう ⑦よ ⑧しんこく ⑨ほうせき

2 ①入場券 ②乱暴・批判 ③供・拝 ④宗教 ⑤若者・宇宙 ⑥忠告 ⑦私・忘 ⑧拡大 ⑨承知

おうちの方へ

1 ①「垂」を「乗」と、⑥「困」を「因」と混同しないように注意しましょう。

2 ③「供える（そな）」と「備える」を区別しましょう。

16 きほんのドリル P.29〜30

1 ①いちまい ②の ③なみきみち ④いぐすり ⑤たいいん

2 ①枚数 ②延 ③延長戦 ④並木道 ⑤並 ⑥胃 ⑦辞退 ⑧退

おうちの方へ

1 ③「並木道（なみきみち）」は、「道の両側に木を並（なら）べて植えてある道」のことです。

17 きほんのドリル P.31〜32

1 ①うつ ②すな ③かいかく ④ま ⑤いずみ

2 ①映 ②映画 ③砂 ④砂 ⑤改革 ⑥巻 ⑦泉 ⑧温泉

おうちの方へ

1 ③は、「改」も「革」も、「だめになったところをあらためる」という意味を表します。

18 きほんのドリル P.33〜34

1 ①くちべに ②しせい ③だんらく ④ほうりつ ⑤せんよう

2 ①口紅 ②紅茶 ③姿 ④姿勢 ⑤段落 ⑥法律 ⑦専用 ⑧専門家

19 きほんのドリル P.35〜36

1 ①せんげん ②かんご ③えんそう ④こうしつ ⑤あら

2 ①宣言 ②宣伝 ③看護 ④看板 ⑤演奏 ⑥天皇 ⑦洗 ⑧洗

20 きほんのドリル P.37〜38

1 ①そ ②せなか ③はいかつりょう ④りっぱ ⑤おんし

2 ①染 ②背中 ③背景 ④肺 ⑤肺活量 ⑥派生 ⑦恩人 ⑧謝恩会

おうちの方へ

2 ③「背」も④「肺」も「はい」と読むので、混同しないようにしましょう。⑥「派生」は、「もとのものから分かれ出ること」という意味です。

21 まとめのテスト3 P.39〜40

1 ①い・かんご ②あら・こうちゃ ③はいけい ④はせい ⑤さ・いずみ ⑥まいすう ⑦だんらく ⑧そ ⑨てんのう

2 ①改革・宣言 ②巻 ③肺 ④延長戦 ⑤法律・専門家 ⑥恩人 ⑦映画・辞退 ⑧姿勢・演奏 ⑨並木道

おうちの方へ

1 ⑨「皇」は、上に「ん」がくるときは「のう」と読みます。

2 ⑨「並」は、「並み」のように送りがなの「み」がつく場合とつかない場合があります。

22 きほんのドリル P.41〜42

1 ①どひょう ②むね ③お ④てっこつ ⑤のぞ

2 ①米俵 ②胸 ③胸囲 ④降 ⑤以降 ⑥骨 ⑦除 ⑧除外

おうちの方へ

2 ④「下りる」もありますが、乗り物からおりるときには「降りる」を使います。

23 きほんのドリル P.43〜44

1 ①かぶしきがいしゃ ②たんじゅん ③おさ ④い ⑤はんちょう

2 ①株式会社 ②単純 ③純白 ④納 ⑤納入 ⑥射 ⑦反射 ⑧班長

24 きほんのドリル P.45〜46

1 ①かいこ ②したが ③しょうらい ④ばり ⑤かち

2 ①養蚕 ②従 ③従順 ④将来 ⑤針 ⑥方針 ⑦値 ⑧価値

25 きほんのドリル P.47〜48

1 ①はいく ②はってん ③けんとう ④ろうどく ⑤ひでん

2 ①俳句 ②発展 ③展示 ④討 ⑤検討 ⑥朗読 ⑦朗報 ⑧秘

おうちの方へ

2 ⑦「朗報」は、「よい知らせ」のことです。

26 きほんのドリル P.49〜50

1 ①へいか ②ざせき ③せいとう ④しゃそう ⑤こと

2 ①陛下 ②座席 ③星座 ④政党 ⑤窓 ⑥車窓 ⑦異 ⑧異常

27 まとめのテスト4 P.51〜52

1 ①はいく・むね ②ほうしん・けんとう ③ろうどく ④ざせき ⑤へいか ⑥せいとう ⑦こめだわら・ほね ⑧ようさん ⑨はんしゃ

2 ①窓 ②除外 ③降・単純 ④価値・納 ⑤異 ⑥将来・発展 ⑦株式会社 ⑧班長・従 ⑨秘

おうちの方へ

1 ①「胸」と「腹」、⑦「骨」と「背」など、体の部分を表す漢字を区別しましょう。

2 ⑤「こと」と読む漢字にはほかに「事」や「言」があります。区別しましょう。

28 きほんのドリル P.53〜54

1 ①きょうり ②ちいき ③しさつ ④すいてい ⑤す

2 ①故郷 ②郷里 ③地域 ④視察 ⑤視野 ⑥推定 ⑦捨 ⑧四捨五入

おうちの方へ

1 ①「郷里(きょうり)」は、「自分が生まれ育ったふるさと」のことをいいます。

29 きほんのドリル P.55〜56

1 ①けいざい ②も ③さが ④さんちょう ⑤ずのう

2 ①済 ②経済 ③盛 ④探 ⑤探検(探険) ⑥頂 ⑦山頂 ⑧脳

30 きほんのドリル P.57〜58

1 ①ゆうびん ②ちょしゃ ③と ④たず ⑤やくしゃ

2 ①郵便 ②著者 ③閉 ④閉会式 ⑤訪 ⑥訪問 ⑦訳 ⑧訳

おうちの方へ

1 ②「著者(ちょしゃ)」は「本を書いた人」。本になっていない場合は「筆者」などといいます。

31 きほんのドリル P.59〜60

1 ①よくじつ ②かみつ ③しょくよく ④やくわり ⑤そんだい

2 ①翌年 ②密 ③密度 ④食欲 ⑤役割 ⑥割 ⑦尊 ⑧尊大

おうちの方へ

1 ⑤「尊大(そんだい)」は、「他人を見下すような態度」を意味します。

32 きほんのドリル P.61〜62

1 ①うやま ②つと ③しゅうしょく ④まいばん ⑤さば

2 ①敬 ②敬 ③勤 ④勤務 ⑤就職 ⑥毎晩 ⑦裁 ⑧裁判

33 まとめのテスト5 P.63〜64

1 ①たんけん・よくしゅう ②けいざい・も ③やくわり ④きょうり・そんけい ⑤さんちょう ⑥わけ ⑦のう ⑧いよく ⑨ししゃごにゅう

2 ①裁判所・勤務 ②毎晩 ③尊 ④著者・秘密 ⑤訪問 ⑥視野 ⑦閉会式 ⑧地域・推定 ⑨郵便局・就職

おうちの方へ

1 ⑥「訳」には「わけ」のほかに「やく」という読みもあります。文の意味を考えて答えましょう。

2 ⑤「訪問(ほうもん)」は、「人をおとずれる・たずねる」意味なので、「門」ではなく「問」です。

34 きほんのドリル P.65〜66

1 ①しき ②きんにく ③せいさく ④かし ⑤こうしゅうでんわ

2 ①指揮 ②発揮 ③筋道 ④筋肉 ⑤政策 ⑥対策 ⑦歌詞 ⑧公衆電話

35 きほんのドリル P.67〜68

1 ①きちょう ②よ ③そうさく ④そうび ⑤いた

2 ①貴重 ②善 ③善悪 ④創作 ⑤装備 ⑥服装 ⑦痛 ⑧頭痛

おうちの方へ

1 ①「重」を「じゅう」と読まないように気をつけましょう。

36 きほんのドリル P.69〜70

❶ ①てつぼう ②おぎな ③いちょう ④よきん ⑤あたた

❷ ①棒 ②補 ③補足 ④腸 ⑤預 ⑥預金 ⑦暖 ⑧温暖化

37 きほんのドリル P.71〜72

❶ ①でんげん ②じょうき ③きぬおりもの ④きず ⑤せいじつ

❷ ①源 ②資源 ③蒸気 ④蒸発 ⑤絹織物 ⑥傷 ⑦負傷 ⑧誠実

38 きほんのドリル P.73〜74

❶ ①やちん ②くうふく ③せいか ④ぶしょ ⑤ばくふ

❷ ①家賃 ②電車賃 ③腹 ④腹 ⑤聖火 ⑥署名 ⑦幕 ⑧幕府

おうちの方へ

❷ ⑥「署名（しょめい）」は、自筆で名前を書くことで、ハンコなどで代用できる「記名」とはちがいます。意味のちがいも覚えておくとよいでしょう。

39 まとめのテスト6 P.75〜76

❶ ①しょめい ②ぜんあく・そうさく ③すじみち ④いちょう ⑤ふしょう・いたかし ⑦きぬおりもの・あたた ⑧せいか ⑨まく

（⑥かし）

❷ ①腹痛・棒 ②公衆電話 ③対策 ④預金 ⑤誠実 ⑥資源・補 ⑦家賃 ⑧装置・指揮 ⑨蒸気・貴重

おうちの方へ

❶ ⑨「幕」には、「バク」という読みもあるので注意しましょう。

❷ ⑧「四季」「士気」、⑨「記帳」「基調」「機長」なども考えられます。区別しましょう。

40 きほんのドリル P.77〜78

❶ ①かめい ②うらがわ ③せんとう ④ないかく ⑤じしゃく

❷ ①連盟 ②同盟 ③裏 ④裏側 ⑤銭湯 ⑥銭 ⑦内閣 ⑧磁石

おうちの方へ

❶ ①「加盟（かめい）」は、「団体に加わること」を表します。「同盟」や「連盟」は、「団体や個人が約束すること、あるいはその団体」です。

41 きほんのドリル P.79〜80

❶ ①こしょう ②ちそう ③く ④もよう ⑤ぎもん

❷ ①故障 ②保障 ③地層 ④暮 ⑤模様 ⑥規模 ⑦疑 ⑧疑問

42 きほんのドリル P.81〜82

❶ ①あやま ②みと ③ざっし ④こくもつ ⑤きょうてき

❷ ①誤 ②誤解 ③認 ④雑誌 ⑤穀物 ⑥穀倉 ⑦敵対 ⑧強敵

おうちの方へ

❷ ⑥「穀倉（こくそう）」は、「穀物の倉庫」のことで、穀物が多くとれて、都市部に供給（きょうきゅう）できるような地域（ちいき）を「穀倉地帯」といいます。

43 きほんのドリル P.83〜84

❶ ①けんり ②たんじょうび ③ぎろん ④いさく ⑤げきじょう

❷ ①権利 ②権力 ③誕生日 ④結論 ⑤議論 ⑥遺物 ⑦劇場 ⑧演劇

44 きほんのドリル P.85〜86

❶ ①じゅくどく ②ふうちょう ③しょくん ④れいぞうこ ⑤とうぶん

❷ ①熟語 ②熟読 ③潮 ④風潮 ⑤諸問題 ⑥冷蔵庫 ⑦貯蔵 ⑧糖

45 きほんのドリル P.87〜88

❶ ①はげ ②じゅもく ③こうふん ④けんぽう ⑤てっこう

❷ ①激 ②感激 ③樹木 ④奮 ⑤興奮 ⑥憲法 ⑦鉄鋼 ⑧鋼材

46 きほんのドリル P.89〜90

1 ①たいそう ②たてが ③きび ④しゅくしょう ⑤ゆうしょう

2 ①操作 ②縦 ③縦横 ④厳 ⑤厳守 ⑥縮 ⑦縮小 ⑧優勝

47 きほんのドリル P.91〜92

1 ①かいらん ②かんたん ③むずか ④りんじ ⑤けいかん ⑥しんぞう

2 ①覧 ②簡単 ③難 ④災難 ⑤臨時 ⑥臨 ⑦警官 ⑧心臓

48 まとめのテスト7 P.93〜94

1 ①げんしゅ ②いぶつ・こうふん ③てっこう ④そうさ・かんたん ⑤けいかん ⑥えんげき・かんげき ⑦たんじょうび ⑧りんじ ⑨さとう

2 ①雑誌・議論 ②疑問 ③誤解・難 ④穀物・貯蔵 ⑤樹木 ⑥権利・認 ⑦展覧 ⑧優勝 ⑨諸問題

おうちの方へ

1 ④「そうさく」と読まないように気を付けましょう。

2 ①②「議」と「疑」とを区別しましょう。⑨「諸」は「いろいろな」という意味です。

49 仕上げのテスト1 P.95〜96

1 ①おさな・よう ②おが・はい ③せ・せい・はい ④ま・まき・かん ⑤さが・たん ⑥うやま・けい

2 ①遺 ②退 ③警 ④降 ⑤党

3 ①己（自己・利己など） ②砂（砂糖・砂金・砂鉄・黄砂など） ③沿（沿岸・沿線・沿道など） ④従（従順・従業員・従者・従来・従事・服従など） ⑤磁（磁石・棒磁石・磁界・磁場・磁気など）

4 ①捨てる ②預ける ③危ない ④暖める（温める） ⑤激しい ⑥認める ⑦乱す ⑧閉じる ⑨頂く

おうちの方へ

1 音読みが中国式の読み、訓読みが日本語の意味です。①「幼い」②「拝む」など、訓読みを見ると、漢字の意味がわかります。

2 同じ読み方をする熟語を同音異義語といいます。文脈を読み取って答えましょう。

3 ①「后・紅・皇・鋼」はすべて「コウ」、②「至・姿・詞・誌」はすべて「シ」、③「窓・創・層・奏」はすべて「ソウ」、④「収・宗・衆・就」はすべて「シュウ」、⑤「貴・否・批・秘」はすべて「ヒ」と読みます。

4 ④「暖める」は「空気の温度など」に、「温める」は「物の温度や気持ち」に使います。⑧「閉」の訓読みはほかに「閉める」、「閉まる」、「閉ざす」があります。

50 仕上げのテスト2 P.97〜98

1 ①宇宙 ②反射 ③補足 ④胃腸 ⑤模様 ⑥縦断（この順でなくても正解）

2 ①けんり・義務 ②きけん・安全 ③かくだい・縮小 ④たんじゅん・複雑 ⑤ひけつ・可決 ⑥ぜんにん・悪人

3 ①半疑 ②針・棒 ③臨機 ④異口 ⑤私欲

4 ①2 ②6 ③5 ④2

おうちの方へ

1 読み方は、①「うちゅう」、②「はんしゃ」、③「ほそく」、④「いちょう」、⑤「もよう」、⑥「じゅうだん」です。

2 反対語（対義語）には、二字ともちがう漢字の組み合わせと、一字だけが反対の意味の漢字の組み合わせとがあります。反対語の読み方は、①「ぎむ」、②「あんぜん」、③「しゅくしょう」、④「ふくざつ」、⑤「かけつ」、⑥「あくにん」です。

3 四字熟語は意味をもとに考えます。②は「針」と「棒」の取りちがえに注意しましょう。③「臨気」、④「異句」、⑤「私浴」はまちがいです。

4 問題になっていない部分の書き順と総画数も、確かめておきましょう。

51 仕上げのテスト3　P.99〜100

1 ①かぶしき・ウ　②うらがわ・エ　③わかば・エ　④かめい・ア　⑤やちん・ウ　⑥はいいろ・エ　⑦やくわり・イ　⑧ないかく・ア　⑨こきょう・ア

2 ①イ　②ウ　③ア　④イ　⑤ウ

3 ①誠実・明朗　②批判・価値　③成熟・検討　④常勤・武装

4 ①吸　②誤　③奮　④胸

おうちの方へ

1 イ（音読み＋訓読み）は「重箱読み」、ウ（訓読み＋音読み）は「湯桶読み」といいます。

2 その他の読み方を漢字に直すと、次のようになります。①ア「険しい」、ウ「激しい」、②ア「勤める・努める・務める」、イ「収める・納める・治める・修める」、③イ「乱れる」、ウ「群れる」、④ア「従う」、ウ「補う」、⑤ア「調べる」、イ「述べる・延べる」。

3 ④「常勤」は、臨時ではなく、決まった時間に毎日勤務することを表します。

4 ②「あやまる」には「謝る」もありますが、音読みは「シャ」と読みます。

52 仕上げのテスト4　P.101〜102

1 （順番に）①映・写　②備・供　③納・治・収・修　④立・建・絶　⑤済・住　⑥塩・潮

2 （順番に）①開幕・暮・墓地　②腹痛・復習・複雑　③胸・脳　④困難・原因

3 ①15　②9

おうちの方へ

1 ①光の作用でうつるときは「映る」、別のものにそっくりな像をうつしとるときは「写る」を使います。

②用意をしておく意味では「備える」、神や仏に差し上げる意味では「供える」です。

③入れるべきものを入れるときには「納める」、乱れた状態を落ち着かせるときには「治める」、よそから来たものを自分のところに入れるときには「収める」、技術や学問を身につけるときには「修める」が適切です。

④その場所から遠ざかるときは「（席を）立つ」、建物ができるときは「建つ」、完全につながりがなくなるときには「絶つ」になります。

⑤すっかり終わる意味では「済む」、そこで生活する意味では「住む」が適切です。

⑥成分としての「しお」は「塩」、海水が満ちたり引いたりするのは「潮」です。

2 ①「幕・暮・墓」、②「腹・復・複」、③「胸・脳」、④「困・因」の字形が似ているので、区別しましょう。

3 続けて書くところと、分けて書くところに気をつけましょう。画数を数えるときは、一画一画を意識しながら、実際に書いてみると確実です。筆順も覚えておきましょう。

53 仕上げのテスト5　P.103〜104

1 ①指揮　②改革　③簡潔　④故障　⑤呼吸

2 ①自己・存在　②強敵・銭湯

3 ①署→著　②考→孝　③問→門　④太→犬　⑤輪→論

4 ①ア　②イ

5 月・にくづき

おうちの方へ

1 ①「指揮」は「指図をすること」、②「改革」は「それまでのやり方をよりよく改めること」、③「簡潔」は「簡単でわかりやすいこと」、④「故障」は「不具合が出ること」、⑤「呼吸」は「息を吸ったりはいたりすること」を意味します。③は「完結」ではありません。

2 「生死」「増減」は反対の意味の漢字の組み合わせ、「借家」は下の字が上の字の目的語になっています。

3 字形の似た漢字には特に注意しましょう。

4 漢字の字形とともに、筆順も覚えておきましょう。

5 体の部分を意味する「月」（にくづき）は、形は同じですが、「服」などの「月」（つきへん）とはちがいます。区別しましょう。

読み方さくいん

- 六年生で習う漢字を、音読みの五十音順に並べています。
- 音読みがない漢字や、小学校で音読みを習わない漢字は、訓読みをのせています。